Malaisie

D1655771

Un supplément vitaminé aux guides touristiques classiques, à consommer sans modération!

Cristina & Olivier Rebière

Copyright © Cristina & Olivier Rebière

Tous droits réservés.

ISBN : 9781701773677

TABLE DES MATIERES

Nous vous souhaitons la bienvenue dans votre guide ***Voyage Experience*: " Malaisie"** qui, nous l'espérons, va vous aider à découvrir ce beau pays aux mélanges de plusieurs cultures, peuples et religions, des paysages étonnants, des plages sauvages, une cuisine raffinée et savoureuse, un accueil chaleureux. En Malaisie l'histoire se mélange harmonieusement avec le présent et la tradition avec la modernité.

Ce livre papier est réalisé après un ebook que vous pouvez avoir gratuitement sur votre smartphone ou Kindle (voir à la fin du livre les modalités) et où vous pouvez utiliser toutes les fonctionnalités expliquées dans la section suivante: "Comment utiliser l'*eguide*", et contient également les modes de navigation entièrement fonctionnelles appelées GeoNav, PhotoNav et IcoNav. L'*eGuide* vous propose une autre approche du voyage, entre "carnet de route" et guide classique. Vous imaginez bien que nous n'avons pas une équipe comme le Guide du Routard ou *Lonely Planet*, par conséquent vous n'allez pas trouver dans cet e-book plein d'adresses d'hébergements ou de restaurants. Nous partageons avec vous nos voyages, nos expériences. Nous espérons que cela vous aidera à découvrir de nouvelles destinations et vous donnera envie d'aller les visiter. Notez que la version électronique fonctionne presque comme un site Internet et n'a pas besoin d'être utilisée avec une connexion Internet (sauf si vous souhaitez accéder à «*OpenStreetMap*» et aux autres hyperliens que nous vous donnons tout au long du livre). Nous vous prions de nous excuser si vous trouvez des petites fautes d'orthographe ou de grammaire dans le texte. Nous sommes des auteurs auto-édités et malgré nos fréquentes relectures, il peut arriver que certaines coquilles nous échappent. Merci de votre patience et de votre compréhension !
Bon voyage !
Bien amicalement,

Cristina & Olivier

Comment utiliser l'*eGuide*?

Vous avez déjà lu des dizaines de livres ou même de guides touristiques dans votre vie. Ils ont en général une table des matières en début d'ouvrage, un index ou un glossaire, une table des photographies en fin d'ouvrage..

La version électronique de ce guide contient beaucoup de cette information, mais a aussi un bonus qui va vous aider à en mobiliser rapidement et intuitivement le contenu et à créer votre propre mode de lecture: c'est un vrai livre digital, tactile, une sorte de site web qui n'a pas besoin de connexion à internet. Nous avons organisé ce guide de façon classique pour celles et ceux qui veulent lire "normalement" sans se poser de questions métaphysiques ou méthodologiques: ceux-là peuvent directement sauter à la partie "Les sites de rêve". Pour les curieux ou les inconditionnels de la personnalisation et du web, voici trois modes de navigation que nous vous proposons. Vous pouvez toujours revenir en arrière dans votre lecture en utilisant la touche "Retour" ou "Back" de votre smartphone, tablette ou écran d'ordinateur tactile.

Une barre horizontale de menu avec 3 icônes tout en haut

Votre "eGuide Voyage Experience" possède en haut de chaque page une barre de menu horizontale avec trois icônes "flottantes" de forme ronde situées à droite. Elles ont pour nom "GeoNAV", "PhotoNAV" et "IcoNAV". Leur fonctionnement est expliqué ci-dessous. Tous les textes soulignés sont des liens hypertexte ou hyperliens: vous pouvez donc les cliquer (sur votre ordinateur) ou appuyer avec votre doigt (sur votre écran tactile). Vous pouvez voir des icônes thématiques colorées, carrées, avec un pictogramme à l'intérieur. En voici quelques exemples:

Ces icônes vous annoncent clairement et simplement les centres d'intérêts qui sont présents dans la section respective. La couleur du fond de ces icônes est fonction de la thématique. Vous pouvez voir le détail de ces icônes dans le chapitre consacré à IcoNAV. Tout à fait en haut à droite, vous voyez TROIS icônes de navigation, plutôt rondes, avec un pictogramme de couleur dominante noire. En voici l'explication détaillée:

1. GeoNAV: une exploration géographique "classique"

Dans la version électronique, en touchant du doigt ou en cliquant le lien hypertexte (ou **hyperlien**) situé immédiatement sous cette icône de forme ronde avec la boussole stylisée, vous accédez à une vue "classique" de la carte, avec des **zones géographiques colorées** et des **hyperliens à côté de la carte** qui vous permettent d'accéder du bout du doigt au chapitre respectif (une zone géographique plus petite de la carte générale). À partir de là, vous pourrez sélectionner le site touristique qui vous intéresse.

2. PhotoNAV: découvrez les sites de rêve par les photos

Dans la version électronique, en touchant du doigt ou en cliquant le lien hypertexte situé immédiatement **sous cette icône** de forme ronde avec un appareil photo, vous pouvez découvrir les beautés du pays grâce aux **meilleures photos** que j'ai réalisées moi-même ou celles mises à disposition sur Wikipédia par les auteurs que je cite et que je remercie en fin d'ouvrage. Donc: si vous aimez une photo, appuyez sur celle-ci (ou sur l'hyperlien immédiatement en-dessous) et sautez directement au site touristique respectif!

3. IcoNAV: choisissez vos centres d'intérêt par icônes

Dans la version électronique, en touchant du doigt ou en cliquant le lien hypertexte (ou hyperlien) situé immédiatement sous cette icône de forme ronde complètement à droite avec un point d'interrogation sur fond noir, vous accédez à la liste de tous les centres d'intérêt, ou "icônes", présents dans cet e-Guide. Dans le chapitre "IcoNAV", vous pourrez découvrir les thématiques des icônes et, pour chacune d'entre elles, la liste des sites touristiques où cette icône se retrouve, sous forme d'hyperliens que vous pouvez activer, en cliquant ou en les touchant du doigt. Rien de plus facile!

Comment visionner les cartes géographiques ?

Dans la version électronique, si vous n'êtes pas connecté(e) à internet et si votre liseuse le permet, vous pouvez zoomer (avec la molette de votre souris ou avec un mouvement d'écartement de deux doigts) sur les cartes incrustées dans les sites touristiques (leur résolution permet de le faire). Si vous êtes connecté(e) à internet vous pouvez aussi accéder aux cartes proposées par le site "**OpenStreetMap**" en cliquant ou en appuyant du doigt sur l'hyperlien correspondant (ici encerclé de rouge) situé immédiatement sous la carte respective.

GeoNAV

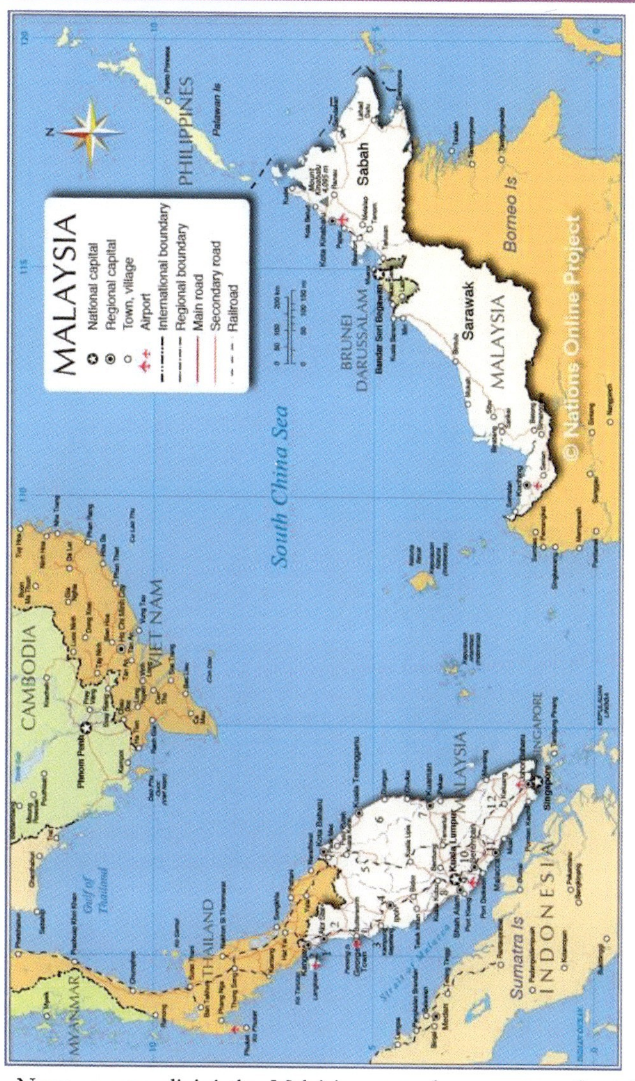

Nous avons divisé la Malaisie en deux zones d'intérêt touristique: Ouest et Est.

Malaisie Occidentale en vert, 12 sections touristiques
Malaisie Orientale, en bleu, 2 sections touristiques

PhotoNAV

Dans la version électronique, vous pouvez parcourir votre guide en choisissant vos photos préférées en allant directement au site d'où ces photos ont été prises.

Mes photos préférées!

Les tours Petronas

Palais du Sultanat de Malacca

Temple Khoo Kongsi

Kek Lok

IcoNAV

Dans la version électronique, vous pouvez parcourir l'eGuide en choisissant les icônes thématiques de vos centres d'intérêt ou affinités. Dans cette version papier vous pouvez trouver la section dans la table de matières.

Icônes "eGuide Voyage" et d'information générale

COUP DE CŒUR Kuala Lumpur | George Town

ASTUCE Kuala Lumpur | Malacca | Johor Bahru

ENFANTS: site pour enfants Kuala Lumpur | Alor Setar | Langwaki | Ipoh | Kuantan | Seremban | Johor Bahru | Kota Kinabalu | Kuching

Icônes "Eau"

BAIGNADE: Kuantan

ACTIVITES NAUTIQUES Kuantan

PLAGE
George Town | Alor Setar Langwaki | Kuantan | Kuala Terengganu

Icônes "Culture"

ART-CULTURE
Kuala Lumpur | George Town | Alor Setar Langwaki | Kota Bharu | Seremban | Johor Bahru | Kota Kinabalu | Kuching

RUINES
Malacca

MUSEE Kuala Lumpur | George Town | Alor Setar Langwaki | Kota Bharu | Kuala Terengganu | Seremban | Malacca | Johor Bahru | Kota Kinabalu | Kuching

CHÂTEAU
Putrajaya | Kuala Kangsar | Johor Bahru | Kuching

ARCHITECTURE
Kuala Lumpur | Putrajaya | George Town | Kuala Kangsar | Alor Setar Langwaki | Ipoh | Kuala Terengganu | Seremban | Malacca | Johor Bahru | Kuching

MONUMENT RELIGIEUX
Kuala Lumpur | Putrajaya | George Town | Kuala Kangsar | Alor Setar Langwaki | Ipoh | Kota Bharu | Kuantan | Kuala Terengganu | Seremban | Malacca | Johor Bahru | Kuching

Icônes "Nature":

FAUNE Kuala Lumpur | Putrajaya | George Town | Alor Setar Langwaki | Kota Bharu | Kota Kinabalu | Kuching

JARDIN, PARC
Kuala Lumpur | Putrajaya | George Town | Ipoh | Malacca | Johor Bahru | Kota Kinabalu | Kuching

RANDONNEE
Putrajaya | George Town Alor Setar Langwaki | Kota Bharu | Kuantan | Seremban | Johor Bahru Kota Kinabalu | Kuching

NATURE Kuala Lumpur | Putrajaya | George Town | Kuala Kangsar | Kota Bharu | Kota Kinabalu | Kuching

CURIOSITE NATURELLE
Kuala Lumpur | George Town | Ipoh

SAFARI
Kuala Kangsar

PAYSAGE Kuala Kangsar | Alor Setar Langwaki | Ipoh | Seremban

Icônes " Sport":

GOLF Kuala Kangsar | Ipoh | Kota Kinabalu

Icônes "Loisirs et vie sur place":

HEBERGEMENT
Kuala Lumpur | George Town | Kuala Kangsar Ipoh | Kota Bharu | Kuantan| Kuala Terengganu | Malacca | Kota Kinabalu

RESTAURANT
Kuala Lumpur | George Town | Kuala Kangsar | Alor Setar Langwaki | Kota Bharu | Kuantan | Kuala Terengganu | Malacca | Johor Bahru Kota Kinabalu|Kuching

SPA
Kuala Kangsar

PARC DE LOISIRS Kuantan | Johor Bahru

SHOPPING, SOUVENIRS
Kuala Lumpur | Alor Setar Langwaki | Kota Bharu | Kuantan | Johor Bahru | Kota Kinabalu | Kuching

BUDGET Kuala Lumpur George Town | Kuala Kangsar | Alor Setar Langwaki | Ipoh | Kota Bharu | Kuantan | Kuala Terengganu | Malacca | Johor Bahru | Kota Kinabalu | Kuching

Malaisie Occidentale

La Malaisie occidentale (en Malais: *Malaysia Barat*) ou Malaisie péninsulaire (*Semenanjung Malaysia* en Malais) est la partie située sur la péninsule Malaise et englobant les îles environnantes à celle-ci. Elle a comme voisins: au nord - la Thaïlande ; au sud, un pont et une chaussée qui la relient à Singapour. La Malaisie occidentale est divisée du nord au sud par une longue chaîne de montagnes ayant comme point culminant le Mont Tahan à 2.189 m, couvert par de grands forêts. La côte Ouest est marécageuse et plate et la côte Est possède de longues plages de sable.

1. Kuala Lumpur **2. Putrajaya** **3. George Town**
4. Kuala Kangsar **5. Alor Setar et archipel Langkawi**
6. Ipoh **7. Kota Bharu** **8. Kuantan**
9. Kuala Terengganu **10. Seremban** **11. Malacca**
12. Johor Bahru

1. Kuala Lumpur

Kuala Lumpur est l'une des villes les plus étonnantes et les plus dynamiques d'Asie. Mélange subtil entre la modernité, avec ses gratte-ciels et ses grands centres commerciaux, et les vestiges de son riche passé représenté par une architecture d'avant-guerre, cette métropole animée offre un contraste intéressant entre les

deux époques. Son nom signifie en malais « confluent vaseux », puisqu'il se trouve à la confluence de deux cours d'eau: le fleuve Klang et l'un de ses affluents, le Gombak.

En vous promenant dans la capitale de la Malaisie vous allez vous trouver dans plusieurs pays à la fois grâce au mélange des cultures chinoise, malaise et indienne. C'est une ville cosmopolite que nous avons beaucoup appréciée.

Petite astuce ou conseil: pour visiter Kuala Lumpur ne vous encombrez pas d'une voiture. Le métro et le monorail ainsi que la marche à pied sont les moyens les plus pratiques pour la visite. Il y a trois lignes de métro à Kuala Lumpur:

☞ LRT 1 AMPANG LINE avec 25 stations, 17 au niveau de la rue et 8 élevées.

☞ LIGNE LRT 2 Kelana avec 23 stations - métro aérien, avec une section souterraine entre Masjid Jamek y Ampang Park.

☞ LRT 3 PRT LIGNE MONORAIL avec 11 stations, depuis Titiwangsa – KL Sentral.

Vous pouvez acheter des jetons dans les distributeurs automatiques situés dans les stations, mais aussi une carte qui est plus avantageuse. Vous pouvez acheter une carte *MyCity Pass* qui vous donne droit à des déplacements illimités sur le réseau ferroviaire Rapid KL (LRT / MRT / Monorail) et BRT pendant 1 ou 3 jours. Son prix est vraiment intéressant (RM25 = moins de 6€ pour 1 jour, puis RM15 pour la renouveler). Voir me site https://www.myrapid.com.my/traveling-with-us/deals-promotions/mycity-1-day-3-day-passes

L´aéroport de Kuala Lumpur est relié au centre-ville et aux villes voisines grâce aux trains: KLIA Transit (durée parcours aéroport -KL Sentral: 35 minutes) et KLIA Ekspress (28 minutes). Le KL PASS® vous permet d'accéder à plusieurs attractions à un prix imbattable et d'éviter de faire la queue pour les billets des différentes attractions. Si vous avez peu de temps à disposition, le Pass vous permet de prendre le bus à deux étages et profiter de ses 22 arrêts pour visiter rapidement Kuala Lumpur. Il vous permet d'entrer gratuitement pour certaines attractions et des tarifs réduits pour d'autres. En plus, il vous donne droit à des réductions et à des offres spéciales dans divers centres commerciaux, restaurants et points de vente en détail dans la ville. Vous pouvez acheter pour 1, 2, 3 ou 6 jours en fonction de la durée de votre séjour. Le prix est à partir de MYR 175 (=38€) pour le pass d'un jour jusqu'à MYR 675 pour celui de 6 jours. Pour voir toutes les attractions concernées et les commerçants auprès desquels vous pourrez avoir des réductions, voir leur site ici http://klpass.com/attractions.php.

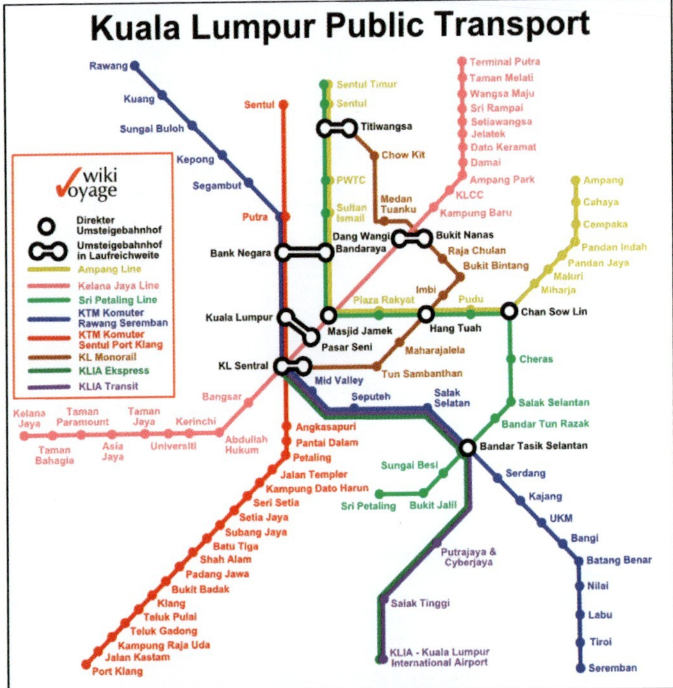

Photo 1.1 : Les tours Petronas

La ville compte plus de 200 gratte-ciels dont le plus fameux, symbole mondialement connu de la ville, est représenté par les tours jumelles Petronas. Conçues par l'architecte argentin Cesar Pelli, elles comportent 88 étages pour une hauteur totale de 452 mètres et ont été pendant plusieurs années les plus hautes du monde. Une passerelle relie les deux tours au niveau des 41e et 42e étages. Cet exploit architectural a été construit en 6 ans et abrite les bureaux du géant pétrolier malais Petronas, une multitude de boutiques, restaurants, cafés et lieux de divertissement, une salle de concert, une mosquée et une galerie d'art. Juste à côté des tours, il y a un beau parc avec des allées ombragées, des lieux de repos, une grande pataugeoire bien fréquentée pendant les journées très chaudes.

Photo 1.5: Parc à côté des tours Petronas

Photo 1.8: Mosquée Masjid Negara

À proximité il y a la grande mosquée As Syakirin

(en Malais: Masjid As Syakirin) avec une architecture typiquement islamique combinée avec un modernisme qui ne laisse pas vraiment deviner qu'il s'agit d'une mosquée. Elle a une capacité de 12.000 personnes.

Deux quartiers ont un charme tout particulier à Kuala Lumpur: le quartier indien et le chinois avec sa rue toute colorée Jalan Petaling pleine de restaurants et boutiques. Le quartier de ***Little India*** ou « petite Inde » est situé entre les deux artères Jalan Travers et ***Jalan Tun Sambanthan***, à proximité de la gare centrale Stesen Sentral. Baladez-vous dans les rues au gré des senteurs qui vous transportent jusqu'en Inde, entrez dans les boutiques pleines de couleurs avec des saris, des épices et les petits restos aux saveurs bien relevées! C'est une expérience inédite et vous oublierez presque le pays où vous vous trouvez ;-). C'est ici que vous allez trouver la plus ancienne et plus belle mosquée de la ville: la Mosquée Jamek (en Malais: *Masjid Negara*) avec une architecture mélangeant plusieurs styles: Mauresque, Anglo-indienne, associant des éléments de l'architecture indo-islamique à l'architecture Néogothique de l'Époque victorienne et Moghole. Elle se trouve à la confluence du fleuve Klang avec la rivière Gombak et a été construite à l'initiative du sultan de Selangor en 1909. De l'autre côté de la rivière Klang, à moins de 2 km il y a le plus ancien temple indien de la ville ***Sri Mahamariamman Temple***, dans la rue Jalan Tun H S Lee qui surprend par son architecture, mais aussi par son intérieur rempli de toutes sortes de divinités.

Photo 1.9: Bangunan Sultan Abdul Samad

Juste à côté se trouve une construction impressionnante à l'allure d'un palais: ***Bangunan Sultan Abdul Samad***. Il se trouve en face de la place de l'Indépendance (*Dataran Merdeka* en Malais) et du Royal Selangor Club, fondé en 1884 par les Britanniques. Son nom vient du sultan qui régnait sur le Selangor au moment de sa construction en 1897. Il abrite aujourd'hui le ministère de l'Information, des Communications et de la Culture de Malaisie. Le bâtiment est en style Mauresque et arbore un dôme de cuivre ainsi qu'un clocher de 40 mètres. La place de l'Indépendance est l'endroit où se tient tous les ans, le 31 août, la parade célébrant le jour national, la ***Hari Merdeka Parade***. Elle commémore l'indépendance de la Malaisie.

À quelques pas se trouve un grand parc qui plaira aux enfants comme aux parents: le Kuala Lumpur Bird Park, un parc ornithologique avec plus de 3000 oiseaux dont plus de 90% représentant des espèces locales sur 8,5 hectares. Un oasis de verdure en plein milieu de la ville qui fait partie du grand jardin botanique Perdana ou ***Lake Gardens***. Il s'étend sur plus de 91 hectares et inclut aussi un parc à papillons, des jardin thématiques et des plans d'eau. Les aménagements sont superbes et cela vaut vraiment la visite, alors n'hésitez pas! C'est un coup de cœur au même titre que les deux quartiers colorés de la ville et présentés plus haut: *Little India* et *Chinatown*.

Photo 1.10: Kuala Lumpur, parc des oiseaux

À proximité se trouve le **Musée National Muzium Negara**, situé sur le boulevard Jalan Damansara, construit dans le style des palais traditionnels malais, mais aussi Minangkabau, un style provenant d'Indonésie et caractérisé par ses toitures aux formes étonnantes représentant la courbe ascendante des cornes de buffle. Sa façade mélange harmonieusement des éléments traditionnels malais avec des éléments modernes. C'est un grand musée présentant l'histoire, la culture, les traditions et la nature du pays, sur 3 étages, à travers ses expositions de tableaux, photographies, costumes traditionnels, instruments musicaux, armes et armures, céramiques, objets d'artisanat, mais aussi la flore et la faune.

Photo 1.12: Musée National de Malaisie

À quelques centaines de mètres, un autre bâtiment va sûrement attirer votre regard: la gare de Kuala Lumpur. Construite en 1910, elle remplace une ancienne gare qui se trouvait sur le même site. Elle a été la plaque tournante ferroviaire de Kuala Lumpur, avant que la gare de **Kuala Lumpur Sentral** ne la remplace dans cette fonction en 2001. Elle reste une attraction de la ville par son mélange de styles mauresque-indienne et occidentaux à l'allure d'un palais.

Photo 1.13: Ancienne gare de Kuala Lumpur

Pour les passionnés d'art, à proximité se trouve le

Musée des arts islamiques de Malaisie IAMM, situé sur Jalan Lembah Perdana, construit en style moderne, sur 4 étages et ouvert au public en 1998. Il abrite 12 galeries et possède 5 dômes représentant les 5 piliers de l'islam. Les galeries présentent de l'art islamique du monde chinois, malais, indien, des manuscrits coraniques, de la céramique et des textiles, des bijoux, des armes, mais aussi l'art architectural.

À moins de 4 km vers le nord-est il y a un autre symbole de la ville de Kuala Lumpur: la tour Menara Kuala Lumpur appelée aussi Tour KL, haute de 421 mètres, conçue par l'architecte Kumpulan Senireka Sdn Bhd et ouverte au public en 1996. Les touristes peuvent accéder à une plateforme d'observation panoramique située à 276 m du sol, monter au niveau supérieur et aussi profiter du restaurant tout aussi panoramique. Elle est sur la colline de Bukit Nanas, au milieu d'une réserve forestière abritant quelques macaques crabiers d'une superficie de 9 hectares. C'est une forêt urbaine tropicale qui vaut la visite.

Si vous voulez un hôtel pas cher à Kuala Lumpur, nous avons essayé le **Citrus Hotel** dans le quartier de Chowkit. Confortable, avec piscine et bien placé pour la visite de la capitale. Nous avions payé 35€/nuit mais le prix varie en fonction de la période (à partir de 17€/nuit). Nous avons pu réserver directement sur le site Internet de l'hôtel.

À moins de 4 km encore vers le nord il y a un quartier sympathique à visiter: ***Kampung Baru***. C'est un quartier traditionnel ayant gardé un aspect de village, avec des maisons en bois de style malais et des jardins. À quelques centaines de mètres vers l'est il y a un autre quartier pittoresque: Chow Kit traversé par la Jalan Abdul Rahman et desservi par le KL monorail, station Chow Kit. L'attraction à ne pas manquer c'est son marché ***Wet Market*** ou ***Bazaar Baru Chow Kit*** haut en couleurs, en odeurs et en saveurs! Vous y trouverez plein de fruits et légumes, des épices, des vêtements et une foultitude de produits frais. Kuala Lumpur est une ville où les gourmands vont se régaler: vous allez trouver des restaurants avec de la cuisine locale, mais aussi des chinois, japonais, indiens, thaï, indonésiens et de la cuisine internationale. Vous allez pouvoir manger dans les marchés ou bien dans les grands centres commerciaux, dans des petites gargotes ou bien de grands restaurants. Il y en a pour tous les goûts et tous les budgets.

Si vous avez envie de visiter le quartier le plus commercial de la capitale, alors rendez-vous à Bukit Bintang (qui signifie Colline des étoiles) qui est le quartier commercial et de loisirs par excellence avec des nombreux cafés, bars, hôtels, restaurants et centres commerciaux. Il est situé entre trois artères principales: Jalan Bukit Bintang, Jalan Pugu et Jalan Sultan Ismail. Vous pouvez vous y rendre par le KL monorail, le métro urbain de Kuala Lumpur, station Bukit Bintang. Si vous aimez les dim sums, un petit resto à ne pas rater dans ce quartier est **Din Tai Fung Pavilion KL** au numéro 168, Jalan Bukit Bintang. La carte est très variée, les prix raisonnables et les dim sums sont vraiment délicieux! Pour vous mettre l'eau à la bouche, regardez leur site en anglais ici http://www.dintaifung.com.my/.

À 10 km au nord de Kuala Lumpur, il y a les grottes Batu, un sanctuaire hindou constitué de plusieurs grottes auxquelles vous accédez en gravissant quelques centaines de marches. La plus importante, la « Grotte cathédrale » ou « Grotte du temple », atteint 100 mètres de haut, et a des sanctuaires hindous richement décorés. Si vous n'avez pas envie de monter, alors visitez les deux grottes en bas de la colline: la « Grotte de la galerie d'art » et la « Grotte du musée », avec de statues et de peintures hindoues. Le complexe est dédié à Murugan, le dieu de la guerre, et une statue haute de 42 mètres en garde l'entrée.

2. Putrajaya

Putrajaya est la nouvelle capitale administrative de la Malaisie, située à 20 km au sud de Kuala Lumpur. Sa construction a commencé dans les années 1990 et s'est conclue vers 2010.

Photo 2.1: Perdana Putra

Vous pouvez commencer votre visite avec les bureaux du Premier ministre malaisien: **Perdana Putra**, un complexe à l'allure d'un palais. Son architecture rappelle celle d'un palais oriental, mélangeant plusieurs styles: Malais, Palladian, Islamique et Néoclassique.

Photo 2.2: Masjid Putra

Juste à côté il y a la belle mosquée Putra (Masjid Putra en Malais), construite en 1997, au bord du lac Putrajaya. L'architecture est un mélange de styles Mauresque, Islamique, avec un magnifique dôme en granit rose. Elle a un minaret de 116 m.

Juste à côté il y a le plus grand jardin botanique de Malaisie: Taman Botani avec une superficie de plus de 90 hectares et plus de

700 espèces de plantes.

À 3 km plus au nord, il y a une zone humide aménagée qui s'appelle en malais Taman Wetland incluant un parc de 138 hectares et presque 2000 hectares de zones humides. Vous y trouverez une tour d'observation, des sentiers de découverte et pourrez faire des randonnées pour découvrir la flore et la faune.

C'est ici que vous pourrez admirer le deuxième palais royal qui sert de retraite pour Yang di-Pertuan Agong, roi de Malaisie: ***Istana Melawati***. Construit en 1999 le palais est en style Malais et composé de 4 parties: l'aile royale, l'aile des réceptions, l'aile des banquets et l'aile administrative. Trois hautes tours encadrent la construction. De l'autre côté de la rivière, à moins de 7 km il y a un autre palais: *Istana Darul Ehsan* qui est la résidence royale du Sultan de Selangor, construit en 2000, au bord du lac Putraya par le gouvernement fédéral afin de remercier l'Etat de Selangor d'avoir cédé Putrajaya à la fédération. C'est un palais assez impressionnant en style Tudor.

Photo 2.3: Palais royal Istana Melawati

À moins de 3 km au sud de la mosquée Putra, en suivant la Persiaran Perdana vous allez tomber sur l'impressionnant Palais de Justice - ***Istana Kehakiman***. Son architecture rappelle celle du Taj Mahal, mais aussi le style Mauresque et le Palladianisme..

3. George Town

George Town est la capitale de l'État de Penang en Malaisie et se trouve sur la côte Est de l'île de Penang, accessible par un pont de 13 kilomètres, à 360 km au nord de Kuala Lumpur. C'est une ville qui a beaucoup de charme, avec ses maisons coloniales, son centre-ville coloré et chaleureux et ses temples de toutes les confessions.

Vous pouvez commencer votre visite par le centre-ville, classé au patrimoine mondial de l'UNESCO. Laissez-vous déambuler au gré des ruelles et découvrez les jolies maisons en style colonial. Profitez des boutiques pour vous acheter des souvenirs ou bien des restaurants pour déguster la cuisine locale. Ne ratez pas la visite du quartier "*Little India*" compris entre les rues Lebuh Queen, Lebuh Chulia et Jalan Pasar - vous pourrez profiter de la cuisine indienne et visiter le plus vieux temple hindou du **Penang: Sri Mahamariamman**, construit en 1833, décoré de nombreuses divinités. Voici quelques spécialités indo-malaises que vous pourrez essayer ici: Biryani ou *nasi beriani* - un riz basmati servi avec du mouton, poulet ou poisson au curry, *Mee goreng mamak* - un plat aux nouilles à la sauce tomate, aux épices, ail, patates et sauce soja, Murtabak - une espèce d'omelette remplie de viande de mouton, oignons et ail et servie avec une

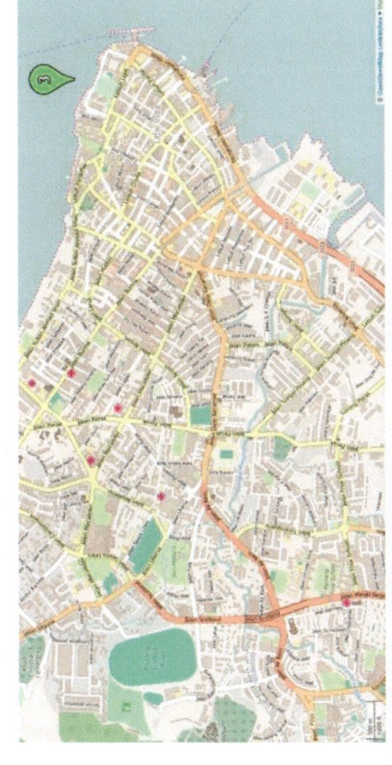

sauce au curry.

Photo 3.1: Centre-ville de George Town

Photo 3.4: manoir de Cheong Fatt Tze

Un bel exemple d'architecture est constitué par le manoir de **Cheong Fatt Tze** que vous allez reconnaître à sa couleur bleue-indigo. Cette belle villa a été construite dans les années 1880 par ce commerçant chinois. L'architecture est un mélange entre le style chinois de la dynastie Su Chow avec des éléments Gothiques et Art Nouveau comme les fenêtres. La construction respecte les règles du Feng Shui. Si vous avez envie d'y passer la nuit, ils ont des chambres à cet effet - voir leur site en anglais où vous pouvez trouver des offres spéciales. Une visite à faire pour les amateurs d'histoire est celle du Fort Cornwallis, construit au XVIIIème siècle, en forme d'étoile, par la Compagnie britannique des Indes orientales. C'est le plus grand fort de Malaisie encore debout, mais cela sans doute grâce au fait qu'il n'a jamais servi dans une bataille.

Dans le coin nord-est du fort, il y a un phare haut de 21 mètres, en acier, qui ressemble à un navire.

Photo 3.5: Fort Cornwallis, l'entrée

Photo 3.10: Musée de l'État de Penang et d'art

Pas loin du fort, vous pourrez apercevoir au centre d'une intersection une tour à horloge, construite en 1897, en style Mauresque, en l'honneur de la reine Victoria. À quelques centaines de mètres plus loin en suivant la rue Lebuh Light, il y a un musée qui plaira aux amateurs d'art: le Musée de l'État de Penang et de l'Art avec des expositions de peintures, dessins, photographies, sculptures, etc. modernes. Pour plus de détails voir leur site en anglais. Juste à côté du fort et du musée, remarquez le magnifique hôtel de ville: un bâtiment blanc, en style Edwardian Baroque, construit en 1903.

Photo 3.11: Hôtel de ville de George Town

Au centre-ville, vous allez voir plusieurs temples de religions différentes. Le **Khoo Kongsi**, le plus grand temple d'un clan chinois dans le pays incluant autour de la cour intérieure une construction dédiée aux prières, un théâtre et aussi des maisons pour les membres du clan. Au XIXème siècle le complexe ressemblait à un village en miniature avec son propre système de gouvernement, éducation, trésorerie et organisations sociales. À quelques centaines de mètres au sud, un autre temple attirera votre attention, ***Kong Hock Keong***, avec ses toits caractéristiques des temples bouddhistes et taoïstes. Il a été construit dans les années 1800 par les Chinois. À quelques centaines de mètres, vous trouverez la grande mosquée Kapitan Keling, construite par des commerçants indiens au XIXème siècle. Son architecture mélange plusieurs styles: Islamique, Mauresque et Mughal. Dans la ville il y a aussi d'autres mosquées, temples hindous, chinois, bouddhistes et aussi des églises.

Photo 3.12: Temple Khoo Kongsi

Pour les amateurs de jardins, une visite au Jardin Botanique du Penang s'impose. Il s'étend sur 29 hectares, dans une vallée à la végétation tropicale luxuriante au nord-ouest de la ville. Il y a plusieurs collections de plantes: fougères, plantes alpines, herbes aromatiques, bégonias, orchidées, palmiers, etc. Dans le jardin vous allez rencontrer des macaques à long queue, mais aussi des Semnopithèques obscurs si vous avez de la chance - ce sont de petits singes noirs.

Pour pouvoir vraiment visiter cette belle île de Penang, je vous conseille de réserver une chambre au moins pour 2 nuits. Il y a plusieurs centaines d'hébergements sur l'île. Vous pouvez voir sur Tripadvisor. Nous avons choisi l'hôtel Intercontinental qui est très abordable (35€/nuit pour la chambre double avec petit déjeuner inclus) et a un très bon standing pour le prix. Vous pourrez bénéficier de la piscine et aussi profiter d'une super vue sur la ville.

Il y a plein de restaurants pour toutes les poches à George Town. Je vous recommande "Mews Cafe" dans la rue Muntri, pas loin de la cathédrale et du quartier chinois. Ils ont de très bons currys, et même un très bon pad thai à des prix corrects. Il y a même un petit jardin. Pas loin du fort, un très bon restaurant pour les végétariens ou ceux qui aiment la cuisine indienne se nomme ***Woodlands Vegetarian Restaurant***, dans la rue Lebuh Penang. Les currys sont délicieux et les assortiments de plats comme le thali vont vous faire découvrir plein de saveurs!

Photo 3.18: Plage du Singe

     À une vingtaine de kilomètres plus loin, à l'extrémité nord-ouest de l'île se trouve le Parc National du Penang qui s'étend sur plus de mille hectares et abrite une centaine d'espèces végétales et animales. L'accès au parc se fait dans le village de **Teluk Bahang**. Vous pouvez faire de la randonnée ou bien profiter des magnifiques plages au sable fin. La randonnée qui mène au phare de Muka Head vous offre la possibilité de faire aussi un parcours en hauteur de 250 mètres au niveau de la canopée. Une plage accessible est celle de *Teluk Bahang* et de *Teluk Tukun* en prenant la randonnée 1A. La plage *Pantai Kerachut*, accessible par un pont, se trouve à proximité du lac méromictique, une curiosité naturelle dont les eaux de surface et de profondeur se mélangent moins d'une fois par an - en fonction de la saison où vous allez il est possible qu'il ne soit pas rempli. Au bout de la plage se trouve un centre de protection des tortues. Si vous avez envie de plage, vous allez rencontrer quelques plages sur l'île, quelques fois avec du sable, d'autres fois avec des pierres.

À moins d'une dizaine de kilomètres à l'ouest de la ville se trouve le plus grand temple bouddhiste de l'Asie du Sud-Est, un endroit de pèlerinage très fréquenté: Kek Lok Si. Il se trouve au sommet d'une colline surplombant la petite ville d'Ayer

Itam. Si vous allez en voiture, il faut s'armer de patience car on ne roule pas trop vite à cause de la quantité impressionnante de visiteurs... Construit il y a plus de cent ans, le complexe possède une belle pagode à sept étages, une autre aux dix mille Bouddhas et une grande statue de bronze représentant la déesse de la miséricorde, Kuan Yin.

Photo 3.20: Kek Lok Si, temple

4. Kuala Kangsar

Kuala Kangsar est un district de la capitale royale du Perak, un État du nord-ouest de la Malaisie, à 246 km au nord de Kuala Lumpur. La cité se trouve au confluent de la Kangsar et du Perak. C'est une petite ville paisible où vous pouvez vous promener à pied pour découvrir les quelques attractions qui s'y trouvent.

Photo 4.2: mosquée Ubudiah

Vous pouvez commencer votre visite par la grande et imposante mosquée Ubudiah. Avec ses dômes dorés et des minarets blancs à coupole dorée, elle est magnifique. Construite en 1913, en style Islamique et Anglo-indien, elle se situe juste à côté du mausolée royal.

En continuant votre promenade, vous arriverez au palais royal Istana Iskandariah, entouré par de grands jardins. C'est la résidence officielle du Sultan du Perak depuis 1933 quand sa construction a été achevée. Il y a un grand dôme central flanqué par quatre autres plus petits, tous dorés.

P
hoto 4.4: palais royal Istana Iskandariah

P
hoto 4.5: Au bord de la rivière Kangsar

Vous pouvez aller profiter de la nature et vous promener au long de la rivière en admirant les beaux paysages.

Nous avons dormi une nuit dans cette ville, mais on ne vous recommande pas cet hébergement, même s'il est bien noté par d'autres guides... Nous avons trouvé sur place des chambres assez délabrées, avec des cafards un peu partout et un service plus que désagréable. Nous vous recommandons par contre un autre hôtel à une quarantaine de kilomètre plus loin, à côté de Taiping, que nous avons beaucoup apprécié: **Taiping Resort Golf** - un cadre naturel superbe, des chambres propres et confortables, avec piscine et spa et même un golf 18 trous pour les amateurs de ce sport. Tout cela pour une trentaine d'euros... Vous avouerez que c'est pas cher :-)! Sur leur page Facebook vous trouverez tous les détails et en plus même des promotions avec golf et safari de nuit inclus!

Photo 4.8: Cameron Highlands

À 140 km au sud-est de Kuala Kangsar, il y a une magnifique zone qui s'appelle Cameron Highlands, avec une flore exceptionnelle, des paysages à couper le souffle: montagnes et collines et des petits villages pleins de charme comme Kea Farm où les plantations de thé forment un magnifique paysage. Vous pouvez rester une nuit à Tanah Rata et en profiter pour faire de la randonnée car il y a plusieurs sentiers qui partent d'ici dans la jungle. Je vous recommande *Bala's holiday chalet* (qui s'appelle aujourd'hui **Planters Country Hotel**) qui propose des chambres à partir de 140 RM (30€) avec en prime une atmosphère British, du calme et un bon restaurant indien. Il y a de nombreuses fermes et plantations dans la région.

5. Alor Setar et l'archipel Langkawi

Alor Setar est la capitale de l'État du Kedah, située à 445 km au nord de Kuala Lumpur à la confluence des rivières Kedah et Sungai Kedah..

Vous pouvez commencer votre visite par la tour Nobat (*Balai Nobat*) - une jolie tour octogonale de 18 mètres de haut qui a comme fonction d'abriter les instruments musicaux royaux. Cette tour a été érigée initialement en bois, au XVIIIème siècle, puis construite en dur et en métal tout en gardant l'architecture d'origine, avec son dôme en style Islamique. À 350 mètres au nord se trouve la tour **Menara Alor Setar**, symbole de la ville, haute de 165 mètres. Vous pouvez y monter et avoir une magnifique vue panoramique sur la ville et profiter de son restaurant tournant en hauteur.

Juste à côté il y a la magnifique mosquée Zahir, une des plus grandes et plus anciennes mosquées du pays, construite en 1912. Son architecture est en style Islamique et Anglo-Indien. Ses dômes noirs contrastent avec le jaune pâle et le blanc de la mosquée et la finesse des arcades et des minarets font tout son charme.

Photo 5.2: Mosquée Zahir

À quelques pas se trouve la galerie d'art de l'État Balai Seni Negeri, avec des collections de peintures, artisanat, instruments musicaux, etc. Pour les amateurs de musées, à 2 km au nord il y a le Musée de l'État Muzium Negeri présentant l'histoire et la culture de l'État de Kedah. Il y a des expositions des vestiges archéologiques, des porcelaines de Chine, etc.

Langkawi, surnommée aussi "le joyaux de Kedah" (en Malais: *Langkawi Permata Kedah*) est un archipel d'une centaine d'îles situé dans la mer d'Andaman, à 30 km au nord-ouest. L'île principale est une destination de choix pour les touristes grâces à ses plages au sable fin et ses eaux turquoises. Vous pouvez arriver sur l'île soit par avion soit par ferry à partir de Kuala Kedah, Kuala Perlis (durée de la traversée : 1h30) et Penang (durée de la traversée: 2h). Vous pourrez louer sur place pour vos déplacements soit un scooter (approx. 6€/jour) ou alors une voiture ou encore utiliser les taxis locaux.

Vous pouvez aller à Langkawi à n'importe quel moment de l'année puisque c'est une île tropicale et les températures sont comprises tout au long de l'année entre 23 et 33°C. Toutefois, la meilleure saison pour profiter du soleil et de la mer se situe pendant la saison sèche, d'Octobre à Mars.

Photo 5.4: Plage Cenang à Langkawi

Il y a plusieurs belles plages à Langwaki comme Pantai Cenang, Pantai Tengah, Burau Bay, Pantai Kok. La première est une des plus belles avec son sable fin et blanc. Il y a aussi des terrasses où vous pouvez déguster des spécialités locales ou bien boire un verre pour vous rafraîchir. Si vous êtes gourmands et avez envie de goûter aux spécialités locales à des prix imbattables, alors allez voir un des marchés nocturnes de l'île et vous allez vous régaler!

Si vous avez envie de profiter d'un magnifique panorama sur l'île et l'archipel, alors prenez le téléphérique au nord du port Telaga - **Pantai Kok** - en entrant par *l'Oriental Village* au pied de la montagne Mat Chincang. L'Oriental Village est en fait un grand centre commercial reproduisant une trentaine de construction en style Malais et Oriental. Vous pourrez donc en profiter pour faire du shopping. Attention car pendant la haute saison, la queue au téléphérique peut durer même 3 heures! Astuce: vous pouvez raccourcir le temps d'attente en vous achetant un billet prioritaire ;-) Si vous avez envie de faire de la randonnée, vous pouvez faire celle qui s'appelle "La rando du ciel", longue de 2,5 km et qui part de la station la plus haute du téléphérique, à travers la forêt tropicale jusqu'à la station du milieu et puis à la cascade Telaga Tujuh, mais il n'est pas recommandé d'effectuer cette randonnée sans un guide local puisque la piste n'est pas bien marquée ni entretenue.

Si vous voyagez avec des enfants, un endroit à ne pas rater est le ***Langkawi Wildlife Park*** à côté de la ville de **Kuah**. C'est un parc qui s'étend sur plus de 5 hectares et qui abrite plus d'une centaine d'espèces d'animaux. Vous pourrez nourrir les oiseaux, mais aussi les porcs-épics, singes et poissons. Un avantage certain dans cette zone bien humide est que le parc est entièrement couvert. En conséquence les pluies tropicales ou le soleil trop fort ne gâcheront pas votre visite! Vous pourrez aussi y admirer les orchidées. Il y a aussi un restaurant et des magasins de souvenirs. Le prix du billet d'entrée est d'approx. 7€ donc cela vaut la visite.

6. Ipoh

Ipoh est la capitale de l'État de Perak, située à 200 km au nord de Kuala Lumpur. C'est une ville au passé colonial qui vaut la visite si vous passez dans la région.

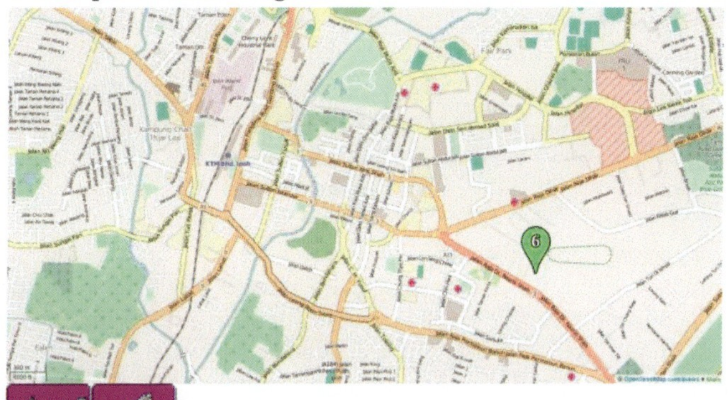

Une des constructions les plus impressionnantes de la ville est la gare, à l'architecture qui combine le style Mauresque avec le Gothique. À moins de 300 mètres de la gare, une autre belle bâtisse est l'Hôtel de ville, en style Baroque Edwardien. À proximité vous pourrez voir aussi la Birch Clock Tower, construite en 1909. Elle se trouve en face de la Mosquée d'Ipoh sur la place Padang Ipoh. Cette place est entourée de plusieurs bâtiments intéressants à l'architecture coloniale.

Photo 6.1: Gare d'Ipoh

À proximité se trouve aussi le parc ***D.R. Seenivasagam Park*** où vous pouvez vous promener en profitant des allées ombragées, du lac, du jardin japonais ou bien si vous voyagez avec des enfants, les laisser s'amuser dans les aires de jeu.

À moins de 10 km au sud-est du centre-ville se trouve le temple bouddhiste **Sam Poh Tong**, dans une grotte de calcaire. La façade du temple a été construite en 1950. C'est la grotte-temple la plus grande de Malaisie et pour y entrer il faut gravir plus de deux cents marches. En échange vous aurez un beau panorama sur la ville d'Ipoh et les alentours.

Pour les amateurs de golf, il y a plusieurs terrains aux alentours d'Ipoh: le ***Royal Perak Golf Club*** et le ***Meru Golf Club*** à Jelapang qui en plus du golf dispose d'un beau *resort* avec des chambres luxueuses, restaurant, piscine, sauna, aires de jeu pour les enfants et autres facilités. Si vous avez envie de séjourner dans la ville, une bonne adresse est ***Ipoh Boutique Hotel*** avec de belles chambres à partir de 100 RM (22€). Pour plus de détails ou pour faire une réservation, voir leur site en anglais ici http://www.ipohboutiquehotel.com/.

7. Kota Bharu

Kota Bharu est une ville de Malaisie, capitale de l'État du Kelantan depuis 1844, située à 440 km au nord de Kuala Lumpur et à une vingtaine de kilomètres de la frontière thaïlandaise.

Un endroit à ne pas manquer dans la ville est son marché **Siti Khadijah** qui vous enchantera par ses couleurs, odeurs et saveurs. Vous pourrez déguster les fruits et légumes locaux, mais aussi acheter des souvenirs et des épices.

Photo 7.2: Arche de Petra - Gerbang Sultan Ismail Petra

Au centre-ville, allez voir la ***Zon Pelancongan Kota Bharu*** qui est en fait une zone touristique réunissant les principales attractions de la ville: la mosquée Al-Muhammadi, l' Arche de Petra - Gerbang Sultan Ismail Petra, le village artisanal Kampung Kraftangan où vous pourrez acheter des souvenirs, ainsi que le Buluh Kubu Bazaar. Si vous êtes amateurs de musées, vous pouvez en visiter deux dans la zone: le Musée Royal - *Istana Batu* et le Musée des traditions et coutumes Royales - *Istana Jahar*.

Si vous voulez séjourner dans la ville, pas loin du village artisanal, il y a un bon hôtel offrant des studios à partir de 24€: Rania Kota Bharu. Vous pouvez réserver sur Bookong.com et utiliser la carte pour le retrouver car il n'est pas très bien indiqué.

À moins de 2 km au sud, il y a le centre culturel ***Gelanggang Seni*** où vous pouvez voir des spectacles folkloriques, du théâtre d'ombres de marionnettes et des drames musicaux traditionnels.

À moins de 200 km au sud de la ville, près de Gua Musang, il y a le parc national de **Kuala Koh** qui permet d'accéder à Taman Negara - le parc national qui protège une des plus vieilles forêts tropicales du monde, datant de plus de

130 millions d'années. Le parc s'étend sur plus de 4000 km^2 et il y a plusieurs randonnées dont une à la canopée des arbres. Vous pourrez vous y rendre seul ou avec des guides pour explorer la jungle qui abrite plusieurs centaines d'espèces de mammifères et d'oiseaux. La flore aussi est impressionnante. Vous pouvez loger dans le parc. Pour entrer dans le parc il faut payer un droit d'entrée modique et si vous voulez faire des photos il vous faut une licence qui coûte un peu plus cher. Si vous avez envie de découvrir le parc à partir de Kuala Lumpur avec un guide, vous pouvez réserver un des packages des agences de tourisme. Un site internet avec des offres d'une telle agence est consultable ici https://www.tamannegara.asia/ avec des prix à partir de 450 RM/personne (aprox. 100€) pour un jour avec tout inclus (transport AR, repas, entrées). Il y a des offres avec plusieurs nuits, avec du trekking, visite des grottes, descente en barque sur la rivière, etc.

8. Kuantan

Kuantan est la capitale de l'État du Pahang, en Malaisie occidentale. Elle est située à 240 km de la capitale fédérale Kuala Lumpur, près de l'embouchure de la rivière portant le même nom, au bord de la Mer de Chine. Il y a quelques attractions touristiques dans la ville et aux alentours qui méritent d'être visitées si vous passez dans la région.

Si vous aimez faire du shopping, alors à Kuantan vous n'allez pas vous ennuyer puisqu'il y a plusieurs centres commerciaux, à commencer avec ***East Coast Mall*** où vous trouverez bon nombre de magasins des grandes marques, restaurants, cafés, etc. Pour tous les détails, voir leur site en anglais. Voici d'autres centres commerciaux: Teruntum Complex, Kuantan Plaza, Pasar Besar (The Store) ou encore Berjaya Megamall qui a aussi un grand cinéma et un bowling.

Au centre-ville il y a la très belle mosquée Sultan

Ahmad Shah avec une superbe coupole bleue et quatre minarets blancs, construite dans les années 1990.

Photo 8.2: Mosquée Sultan Ahmad Shah

Il y a plusieurs plages près de Kuantan dont la plus fameuse est **Teluk Chempedak** à quelques kilomètres à l'Est du centre-ville. C'est une belle plage au sable blanc, ombragée par les casuarinas. Les rochers lui procurent un charme particulier. Voici d'autres plages à proximité de la ville: ***Pantai Batu Hitam*** - une plage aux rochers noirs, mais aussi la plage Balok - une plage favorable pour le surf.

Si vous voyagez avec des enfants ou êtes amateurs de parcs aquatiques, à moins de 30 km à l'ouest de Kuantan se trouve ***Bukit Gambang Resort City***, un parc qui s'étend sur près de 300 hectares. Pour tous les détails voir leur site en anglais ici. Juste à côté il y aussi un autre parc, le Bukit Gambang Safari Park, le plus grand zoo de Malaisie. Vous pourrez vous promener à pied ou bien en bus dans une zone où les animaux sont en quasi liberté. Vous pourrez admirer des lions, gazelles, panthères et hyènes. Si vous avez envie de loger sur place, il y a deux grands hôtels: Caribbean Bay Resort - pour les prix et les détails voir leur site en anglais.

À une vingtaine de kilomètres au nord-ouest de Kuantan se trouve la très belle cascade de Sungai Pandan (en Malais: *Air Terjun Sungai Pandan*). Elle se trouve dans la réserve forestière Sungai Pandan qui s'étend sur 25 hectares. Vous pouvez vous baigner dans les eaux vertes de la cascade ou bien profiter des randonnées dans la forêt. Le week-end, c'est un endroit très fréquenté par les locaux.

Photo 8.4: Cascade Sungai Pandan

Il y a plusieurs possibilités d'hébergement à Kuantan. Nous avons choisi un hôtel à Besarah, à une vingtaine de minutes de la ville: ***Le village Beach Resort*** qui a des chambres confortables, une piscine, la plage et un bon petit restaurant. Nous avons payé 23€/nuit pour la chambre. Vous pouvez aussi louer un chalet sur la plage. La plage est surtout adaptée pour les sports nautiques.

9. Kuala Terengganu

Kuala Terengganu est la capitale de l'État de Terengganu et se trouve à 450 km au nord-est de Kuala Lumpur et à 230 km au nord de Kuantan. Elle est située sur la côte orientale de la péninsule Malaise et a quelques attraits.

Dans la ville, il y a un parc intéressant dédié à l'Islam, avec des reproductions des mosquées du monde entier: ***Taman Tamadun Islam***. Le parc se trouve sur l'île Wan Man et parmi les plus belles répliques on peut citer la Mosquée de Cristal, la Grande Mosquée de Xi'an, la superbe mosquée Iranienne Sheikh Lotfollah ou encore celle de Russie - la Mosquée Qolşärif.

Photo 9.1: Réplique de la Mosquée de Cristal

Juste à côté se trouve le Musée de l'État de Terengganu qui s'étend sur 27 hectares avec plusieurs expositions dont une avec des maisons traditionnelles malaises.

À moins de 6 km au nord-est du musée se trouve Chinatown, un quartier à l'embouchure de la rivière Terengganu. En plus de vieilles maisons chinoises du XVIIIème siècle, vous trouverez des temples et des magasins tout colorés, ainsi que des petits restos où vous pourrez déguster de la délicieuse cuisine chinoise. Essayez la spécialité locale - le Lekor - qui sont en fait des sticks de poisson croquants, servis avec des sauces. À moins de 10 km au sud de Chinatown, en suivant la côte, vous arriverez à une magnifique mosquée toute blanche: ***Tengku Tengah Zaharah*** appelée aussi "la mosquée flottante", construite en 1993 sur le lagon Kuala Ibai dans un style mélangeant le moderne au style Mauresque.

Photo 9.4: Mosquée Tengku Tengah Zaharah

Il y a plusieurs types d'hébergements dans la ville, pour tous les budgets. Nous avons choisi l'Hotel Grand Continental et avons payé 31€ pour la chambre double. L'hôtel est bien situé et vous pourrez visiter à pied la ville. Les chambres sont propres et confortables, il y a une piscine et même le restaurant est correct. Pour tous les détails voir sur Booking.com.

Plusieurs plages sont à proximité de la ville, mais elles sont fréquentées surtout par des touristes car les locaux ne vont pas souvent se baigner. Pas loin de l'aéroport il y a une grande plage publique: ***Taman Awam Pantai Teluk Ketapang***. D'autres plages se trouvent à 75 km au sud de Kuala Terrenganu, à **Dungun** et sur les îles proches, dont certaines sont privées et appartiennent à des hôtels, comme le luxueux Tanjong Jara.

10. Seremban

Seremban est une ville de Malaisie, la capitale de l'État Negeri Sembilan, située à 70 km au sud de Kuala Lumpur. La ville se trouve dans la vallée du fleuve de Linggi au paysage vallonné, dominé par les plantations de palmiers à huile et d'hévéas.

Photo 10.1: Assemblée Législative de l'État de Seremban - Wisma Negeri

Seremban est le centre culturel des

Minangkabau, un groupe ethnique habitant sur les hauts plateaux de la province de Sumatra occidental et dans les îles Riau en Indonésie. Leur architecture est caractérisée notamment par des toits magnifiques pour les maisons traditionnelles, avec un profil représentant la courbe ascendante des cornes de buffle. Plusieurs bâtisses de la ville ont ce style architectural, parmi lesquelles les plus représentatives sont: le siège de l'Assemblée Législative de l'État - *Wisma Negeri,* le **Hall du Conseil Municipal de Seremban** ou encore le **Musée de l'État** qui se trouve dans la rue Jalan Sungai Ujong et présente l'histoire de la région.

À 3 km à pied vers l'est, vous pouvez voir une belle église: l'église de la Visitation avec une architecture Gothique, construite au XIXème siècle. Il y aussi dans la ville de nombreux temples chinois, hindous que vous allez découvrir si vous errez dans les rues du centre-ville.

Si vous voyagez avec des enfants, un endroit qui va beaucoup leur plaire est la **Ferme des Autruches Jelita** qui se trouve à une quinzaine de kilomètres au nord-est du musée. Ils pourront nourrir les autruches et même faire un tour sur leur dos!

Si vous aimez la randonnée, à moins d'une quarantaine de kilomètres au sud-est de Seremban il y en a une belle à faire: ***Hutan Lipur Gunung Datuk***. C'est une montée de 3 heures sur le Mont Datuk, à travers la jungle sur une piste assez bien marquée si vous arrivez à la trouver ;-). Il ne faut pas oublier d'amener de l'eau avec vous car la montée n'est pas toujours facile, mais les beaux panoramas méritent l'effort. Vers la fin de la rando il y a des échelles en acier - à utiliser seulement pour ceux qui n'ont pas le vertige. La vue d'en haut est vraiment magnifique et vous pourrez apercevoir les villes de Malacca et de Seremban.

11. Malacca

Malacca ou ***Bandar Melaka*** en Malais est la capitale de l'État malais du même nom. C'est le plus ancien port de Malaisie, ayant joué un rôle stratégique grâce à sa position dans le détroit de Malacca. C'est une belle petite ville située à l'embouchure de la rivière du même nom, à 150 km au sud de Kuala Lumpur et qui vaut la visite.

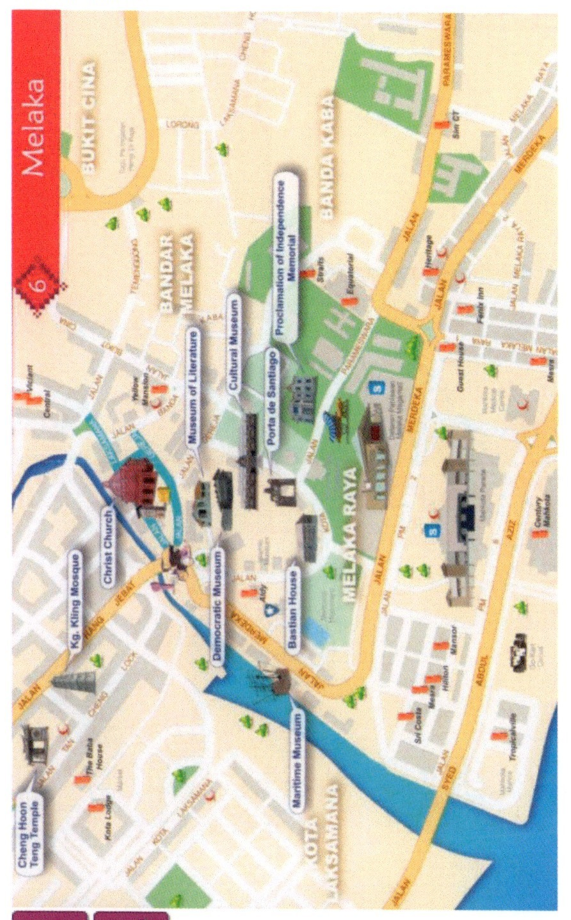

Au centre historique de la ville vous pourrez admirer la belle église du Christ, construite au XVIIIème siècle par les Flamands. C'est une église Anglicane, en style Colonial Flamand. Juste devant l'église, il y a une belle petite place qui s'appelle la Place Rouge à cause de la couleur de tous les bâtiments qui l'entourent. Sur la place se trouve le Stadthuys, une tour à horloge construite en 1650 et la fontaine de la Reine Victoria.

P
hoto 11.2: Place Rouge et Stadthuys

Si vous êtes amateurs de musées, à une centaine de mètres plus loin, dans la rue Lorong Hang Jebat, il y en a un dans une belle maison: le **Musée Culturel Cheng Ho**. Il présente les voyages de l'Amiral Cheng Ho, une belle collection de bateaux de la dynastie Ming. Il y a une belle petite cour intérieure qui a beaucoup de charme.

À moins de 400 mètres à pied au sud de la Place Rouge se trouvent les ruines de la forteresse A Famosa construite par les Portugais qui constitue un des plus anciens vestiges européens de l'Asie du Sud-Est..

S'il fait trop chaud ou si vous êtes trop fatigué/e, vous pouvez visiter la ville en calèche ou en trishaw: une espèce de tricycle qui permet de transporter deux personnes.

Photo 11.4: Musée du Palais du Sultanat de Malacca

Juste à côté il y a un beau musée qui vaut la visite: le **Musée du Palais du Sultanat de Malacca** (en Malais *Muzium Istana Kesultanan Melaka*), construit en 1984. C'est une réplique du palais en bois et bâti sans aucun clou! Vous pourrez connaître l'histoire de la région avec des expositions et des collections d'art, de costumes traditionnels, de l'artisanat. À l'extérieur il y a un jardin où vous pourrez vous promener.

Photo 11.6: Centre historique de Malacca

N'hésitez pas à vous "perdre" dans le centre historique de la ville, parmi les ruelles où vous allez découvrir de jolies petites maisons à l'architecture coloniale, chinoise ou encore malaise. La promenade au long de la rivière a aussi beaucoup de charme.

Photo 11.7: Vue de Malacca de la chambre d'hôtel

Il y a plusieurs possibilités d'hébergement à Malacca. Nous avons testé **The Emperor Hotel Malacca** qui a un bon confort et une belle piscine. Nous avons payé une vingtaine d'euros par nuit pour la chambre double avec petit déjeuner inclus. Pour des hôtels et autres informations utiles sur la ville, voir ce site en anglais http://malacca.attractionsinmalaysia.com/Accommodation.php.

Il y a plein de restaurants à Malacca, aussi bien malais que chinois, indiens et européens. Je vous conseille River View Cafe Melaka dans la Jalan Kampong Pantai, au bord de la rivière. Très bonne cuisine avec des spécialités malaises mais aussi indiennes. Les fruits de mer sont délicieux: essayez les calamars grillés ;-). Savoureuse soupe de potiron, mais aussi des bons nasi, un service rapide et sympathique et des prix pas chers!

12. Johor Bahru

Johor Bahru est la capitale de l'État de Johor en Malaisie, située dans le détroit du même nom, à 360 km de Kuala Lumpur. La chaussée Johor-Singapour est une route de plus d'un kilomètre, surélevée, construite à travers le détroit de Johor reliant Pulau Ujong (à Singapour) à la Malaisie. Une deuxième connexion est le *Malaysia-Singapore Second Link*, un pont de 1.920 mètres. C'est une ville moderne avec des gratte-ciels qui vous séduira.

Vous pouvez commencer votre visite par le **Grand Palais** (en Malais *Istana Besar*), construit en 1866 par le Sultan Abu Bakar, en style Anglo-Malais et Néoclassique. Il abritait le Musée royal et à proximité se trouve le jardin botanique ***Taman Botani Zaharah*** qui s'étend sur une cinquantaine d'hectares.

À côté du jardin botanique se trouve la Mosquée Sultan Abu Bakar, la plus vieille de l'Etat, qui combine les styles Malais, Mauresque et Victorien. À 5 km au nord-est se trouve un beau temple hindou: le temple de verre **Arulmigu Sri Rajakaliamman** construit en verre avec plusieurs centaines de milliers de mosaïques rouges, bleues, vertes, jaunes, blanches.

Le ***Sultan Ibrahim Building*** se trouve à moins d'un kilomètre à l'Est du Grand Palais. Cette belle bâtisse aux airs de palais a été construite dans les années 1930 et mélange le style colonial Britannique avec le style Mauresque et le style traditionnel Malais. Il a servi de résidence au Premier Ministre et de siège à l'Assemblée Législative du Johor.

Photo 12.2: Sultan Ibrahim Building

Si vous aimez l'art, à moins de 4 km au nord il y a la Galerie d'Art de Johor présentant l'art et la culture de la région. L'entrée est gratuite. Il est interdit de prendre des photos à l'intérieur et on doit enlever les chaussures à l'entrée. L'inconvénient est que cette galerie est un peu excentrée, mais si vous avez une voiture, vous pourrez facilement vous y rendre.

Si vous aimez faire du shopping, il y a plusieurs centres commerciaux dans la ville. Le plus grand est **KSL City Mall** dans la rue Jalan Seladang. Il y a plusieurs centaines de boutiques, des dizaines de restaurants, 8 cinémas, mais aussi un grand hôtel avec piscine.

Si vous voyagez avec des enfants ou êtes passionné(e) par les légos, alors ***Legoland Malaysia Resort*** est votre destination. Astuce: si vous réservez vos entrées par Internet vous pouvez avoir des réductions vraiment intéressantes. Voir leur site en anglais ici. Il y a des attractions pour tous les âges et tous les goûts et même un parc aquatique!

À une quinzaine de kilomètres au nord du Legoland il y a un grand parc dans la forêt tropicale: ***Taman Rekreasi Hutan Bandar***, avec des randonnées, plusieurs lacs, des aires de jeux pour les enfants, un jardin d'orchidées. C'est un véritable poumon vert qui plaira à ceux qui aime la nature.

Malaisie Orientale

La Malaisie Orientale est située sur l'île de Bornéo et comprend les états du Sabah, Sarawak et Labuan. C'est une région à la nature sauvage, avec une flore et faune des plus riches et des paysages magnifiques.

1

3. Kota Kinabalu **14. Kuching**

13. Kota Kinabalu

Kota Kinabalu est la capitale de l'État de Sabah, au nord de l'île de Bornéo. La ville dispose d'un aéroport international. C'est une destination touristique surtout pour les beautés qui se trouvent aux alentours comme les magnifiques îles tropicales ou les parcs nationaux. La ville est un bon point de départ pour rayonner dans la région.

Une visite incontournable de la ville et qui a beaucoup de charme est celle du Marché de Nuit (en anglais Night Food Market), situé sur le front de mer, vis-à-vis de l'Hôtel

Méridien. Vous allez pouvoir vous régaler avec de bons petits plats pas chers et découvrir ainsi non seulement la cuisine malaise, mais aussi indonésienne, chinoise et philippine. La promenade sur le front de mer est très agréable et il y a plusieurs bars et terrasses où vous pourrez prendre un verre. À quelques centaines de mètres plus loin il y a aussi le Marché Central avec plein de fruits et légumes et aussi un foodcourt pas cher du tout, un vrai spectacle de couleurs et de senteurs et le Marché artisanal où vous pourrez dénicher des souvenirs. Un autre marché intéressant se trouve à un kilomètre vers le nord-est et se passe tous les dimanches dans la rue Gaya, tôt le matin, et où vous trouverez des souvenirs, des sarongs et autres vêtements, des gâteaux, etc. Un restaurant qui se trouve dans cette rue, avec pas mal de choix et des prix très sympa est Kedai Kopi Yee Fung. Les plats sont savoureux et le service très rapide. Essayez leurs délicieuses nouilles au bœuf ou bien leur spécialité Laksa - une soupe au nouilles et aux crevettes dont vous trouverez la recette dans la section Gastronomie.

Photo 13.2: Central Market - Kota Kinabalu

Si vous aimez les musées ou avez envie de découvrir l'histoire et l'art de la région ou si vous voyagez avec des enfants qui aiment les zoos, vous trouverez tout cela au **Musée Sabah** (en Malais *Muzium Sabah*) à moins de 5 km au sud des marchés. Il s'étend sur 17 hectares et abrite dans son bâtiment principal une galerie d'art, des collections de vestiges archéologiques, céramiques, mais aussi d'histoire naturelle. À côté il y a un petit jardin botanique qui mérite aussi la visite si vous avez le temps.

Photo 13.3: Musée Sabah

Si vous aimez les jardins ou avez envie d'admirer un beau coucher de soleil sur la plage, le parc **Tanjung Aru Perdana** se trouve à 5 km à l'ouest du musée. C'est un joli parc avec une très belle fontaine musicale que vous pouvez entendre dans la soirée(à partir de 19h). La plage aussi est belle et on peut voir les îles Pulau Sulug et Pulau Manukan. Vous pourrez manger dans un des petits restos ou alors déguster un délicieux satay d'un vendeur ambulant. Pour les amateurs de golf, il y a un beau parcours de 27 trous : le Sutera Harbour Golf Club. Pour tous les détails voir leur site en anglais.

Photo 13.5: Plage de l'île Manukan

Si vous avez envie de plage ou bien de faire du snorkeling, alors allez découvrir les deux îles près de la côte: Manukan ou Sapi. Vous pouvez prendre un tour avec les deux îles à une des agences locales. Ici https://www.kkday.com/en/product/4227 vous en avez une qui offre ce tour pour 40$/personne et vous pouvez réserver en ligne. Le départ se fait le matin et le retour dans l'après-midi. Vous pouvez prendre aussi les repas, mais vous trouverez aussi sur les deux îles d'autres possibilités. Vous devrez aussi payer l'entrée dans le **Tunku Abdul Rahman National Park** sur l'île Manukan s'élevant à 10 RM (2€). Sur l'île de Sapi il y a aussi une tyrolienne pour les amateurs d'aventure et plus de poissons et de coraux à admirer sous l'eau. Les plages sont de sable fin blanc et les eaux claires. Le parc national comprend 5 îles. En plus des deux dont je vous ai déjà parlé, si vous aimez la randonnée, vous pourrez en faire dans les forêts tropicales de l'île Gaya, la plus grande des cinq. La plus petite se nomme Mamutik et à vrai dire elle n'est pas très adaptée pour profiter de la plage car il y a des rochers et des oursins. La plus lointaine et calme des îles est Sulug, pas encore envahie par les touristes. Si vous souhaitez rester plus longtemps sur l'île Manukan, il y a plusieurs ressorts de luxe avec des chambres à partir de 170€ comme le Manukan Island Resort.

Je vous conseille néanmoins de préférer un hébergement dans la ville de Kota Kinabalu. Pour les budgets modestes il y a plein d'auberges avec des dortoirs avec des lits à partir d'une dizaine d'euros. Si vous voyagez en famille ou avec des amis une bonne solution pas chère est un appartement. Vous en avez ici un https://www.promenadeapartment.com/ à partir de 25 € pouvant héberger 4 personnes ou bien un appartement avec 3 chambres à partir de 46€. Sur ce site vous trouverez plusieurs résidences dont certaines avec piscine et appartements vraiment luxueux à de tout petits prix!

Si vous voyagez avec des enfants, une autre attraction qu'ils vont apprécier se trouve à une vingtaine de kilomètres au sud de la ville: le parc de la vie sauvage Lok Kawi. Ils pourront voir des orangs-outans, des oiseaux, des éléphants pygmée de Bornéo ou encore des tigres malais. Il y a aussi un sentier botanique. Le billet d'entrée pour les étrangers coûte 20 RM (4,4€).

À 90 km à l'ouest de la ville il y a le très beau **Parc National du Kinabalu** (en malais: *Taman Negara Kinabalu*) qui figure au patrimoine mondial de l'UNESCO. Il s'étend sur 754 km² autour du mont Kinabalu qui culmine à 4095 mètres. Il abrite une faune très riche et variée avec de magnifiques papillons et oiseaux. Les mammifères ont plutôt une vie nocturne donc vous n'aurez pas l'occasion de les voir. Dans le parc il y a une promenade au niveau de la canopée sur plus de 400 mètres de longueur et à une hauteur d'une quarantaine de mètres. Une belle randonnée se trouve au long de la rivière Mesilau où vous pourrez admirer de belles fougères, rhododendrons et orchidées. Toutefois, il se peut que vous ayez besoin d'un guide pour vous accompagner.

14. Kuching

Kuching est la capitale de l'État de Sarawak en Malaisie Orientale. Elle se trouve à 1140 km au sud de Kota Kinabalu donc si vous envisagez de la visiter en voiture il vous faudra prévoir minimum une halte ou deux en cours de route. Le mieux c'est de prendre l'avion. Kuching signifie en malais "chat" et vous trouverez au centre-ville la statue d'un chat géant blanc en plâtre. Dans la ville il y a même un musée qui est entièrement dédié à ce félin.

Vous pouvez commencer votre visite avec le Waterfront, une belle promenade le long du fleuve Sarawak. Dans la rue Main Bazaar vous pourrez admirer de belles demeures du XIX-ème siècle à l'architecture Chinoise. Il y a beaucoup de magasins d'artisanats et d'antiquités. Ici se trouve aussi le quartier chinois, dans les rues Padungan, *Main Bazaar* et Carpenter. Vous pourrez voir un vieux temple chinois - Tua Pek Kong - et à côté il y a un petit musée sur l'histoire des migrations chinoises. Un autre beau temple à voir est ***Hong San Si***.

Photo 14.1: Temple chinois Hong San Si

Vous trouverez beaucoup d'endroits pour bien manger pour pas cher à Kuching. Une très bonne adresse est le **James Brooke Bistro** qui se trouve dans la Jalan Tunku Abdul Rahman, pas loin du musée chinois, au bord du fleuve. Ils ont plusieurs excellents laksas - un peu épicés, et de savoureuses nouilles et salades.

Photo 14.2: Mosquée Divisionnaire de Kuching

Sur les rives du fleuve Sarawak, il y a une belle mosquée aux dômes dorés: la Mosquée Divisionnaire de Kuching (en malais ***Masjid Bahagian Kuching***).

Si vous êtes amateurs de musées, à quelques kilomètres vers le sud, il y a deux autres musées à visiter. Le plus beau est celui du **Sarawak** qui se trouve dans la rue Jalan Tun Abang Haji Openg dans une belle bâtisse en style Normand et qui abrite des collections d'anciens artéfacts tribaux, d'histoire naturelle, de folklore. Le deuxième musée est le Musée Islamique du Sarawak qui présente l'histoire et la culture islamique dans la région.

Juste à côté il y a un beau musée qui présente des maisons des différents groupes ethniques du Sarawak. Vous allez voir des costumes traditionnels et allez découvrir leur style de vie. C'est une visite intéressante qui peut vous faire connaître davantage l'histoire et la culture de cette belle région. Il y a aussi une randonnée dans la jungle où vous pourrez découvrir la flore, mais aussi des singes, des écureuils et des lézards. L'entrée coûte 60 RM pour les adultes et la moitié pour les enfants. Les enfants en dessous de 6 ans peuvent entrer gratuitement.

De l'autre côté du fleuve (que vous pouvez traverser en barque), vous pourrez voir un très beau **palais: Astana**, construit en 1870 par Charles Rajah Brooke, le second Rajah blanc, en cadeau de mariage pour sa femme. Actuellement il sert de résidence au gouverneur de l'État. Vous ne pourrez pas visiter l'intérieur de la résidence, mais vous pourrez visiter le beau jardin d'orchidées juste à côté. Un jardin plein de charme avec des centaines d'espèces d'orchidées qui va sûrement enchanter les amateurs de fleurs!

Juste à côté il y a le Fort Margherita, construit en 1879, en style Anglais au bord du fleuve Sarawak pour protéger Kuching contre les attaques de pirates. Le fort sert actuellement de musée de la police et il a une belle allure de château avec des crénelures.

Pour les amateurs de nature, à une trentaine de kilomètres de la ville il y a le magnifique **Parc National de Bako** qui s'étend sur 2700 hectares à l'estuaire des fleuves de Bako et Kuching. L'entrée dans le parc coûte 10 RM. Vous devez prendre un bateau pour la traversée pour 47 RM (10€) qui durera une trentaine de minutes. Si vous souhaitez plutôt faire une visite guidée, alors prenez une excursion - ici vous en avez une pour 280 RM/pers (61 €) et pour ce prix ils vous prennent à l'hôtel et cela inclut aussi le déjeuner. Dans le parc il y a plusieurs sentiers de randonnée bien marqués qui vont vous permettre de découvrir la flore et la faune. Lorsque vous achetez votre billet d'entrée vous aurez aussi une carte avec les randonnées. Vous pouvez aussi les découvrir ici. Vous pourrez rencontrer des singes, des varans, des écureuils, des cochons barbus de Bornéo, mais aussi des serpents et des scorpions, donc faites bien attention.

Si vous voyagez avec des enfants, une attraction qui devrait leur plaire est le ***Jong's Crocodile Farm & Zoo***, situé à une douzaine de kilomètres au sud de Kuching. Ils pourront voir en plus des crocodiles des oiseaux, des serpents, des singes, des cochons sauvages malaisiens, etc. À 11h et à 15h il y a un spectacle pour nourrir les crocodiles et les poissons tropicaux. Le prix de l'entrée est de 22 RM pour les adultes et la moitié pour les enfants. Pour plus de détails sur le parc voir leur site en anglais ici http://www.jongscrocodile.com/.

Il y a plein de possibilités d'hébergement à Kuching. Un hôtel avec un bon confort et à un très bon prix est le Grand Continental Kuching (à partir de 25€) avec piscine et restaurant. Un autre hôtel situé sur le Waterfront et dans la même catégorie de prix (115 RM/chambre petit-déjeuner inclus) est le **Kuching Waterfront Lodge**. Demandez une chambre avec fenêtre.

Malaisie: présentation générale du pays

La Malaisie est située en plein cœur de l'Asie du Sud-Est et est constituée de la Malaisie péninsulaire ou Malaisie occidentale (une grande partie de la péninsule Malaise) et de la Malaisie orientale (nord de l'île de Bornéo). C'est un État fédéral composé de 13 États et 3 territoires fédéraux et sa capitale est à Kuala Lumpur. La Malaisie présente une grande diversité culturelle comprenant trois des civilisations asiatiques les plus anciennes - malaise, chinoise et indienne, ainsi que les communautés ethniques propres au Sabah et au Sarawak.

La Malaisie est un pays passionnant à découvrir: un patrimoine culturel et historique d'une grande richesse, de belles plages et des îles à explorer, une nature luxuriante, des infrastructures modernes, une gastronomie raffinée qui ravira les gourmands (comme moi ;-)!) et de nombreux centres commerciaux pour les amateurs de shopping.

Un peu d'histoire: La présence portugaise en Malaisie commence en 1511 avec la prise de la ville de Malacca par le vice-roi portugais des Indes, Afonso d'Albuquerque. Cela a eu deux conséquences importantes: la rupture du réseau des marchands de l'Asie du Sud-Est insulaire et péninsulaire, et la christianisation de l'est de l'archipel indonésien.

En 1641, les Hollandais de la « Compagnie hollandaise des Indes orientales », alliés à Johor, prennent Malacca aux Portugais.

En 1963 les territoires britanniques de Bornéo deviennent indépendants, Sabah et Sarawak entrent dans la Fédération de Malaisie, qui était devenue indépendante en 1957.

Situation géopolitique: La Malaisie est une fédération composée de treize États (negeri) et de trois districts fédéraux (wilayah persekutuan).

Capitale: **Kuala Lumpur**

Géographie: Superficie: 329 750 km^2

La Malaisie occidentale se situe au sud de la Thaïlande et est traversée du nord au sud par une chaîne montagneuse dont le point culminant est le Mont Tahan à 2.189 mètres. La côte ouest est marécageuse et plate, avec des plages de sable. La Malaisie orientale est située au nord de l'Indonésie, sur l'île de Bornéo et elle est couverte de forêts tropicales et de montagnes (mont Kinabalu, 4.100 m).

Population: 30,42 millions d'habitants.

Langues parlées: La principale langue utilisé en Malaisie est le Malais. D'autres langues sont utilisées comme l'anglais, le cantonais, le mandarin et le tamoul.

Monnaie: Ringgit (MYR ou RM).

Infrastructure: Le réseau routier est très bien entretenu et développé en Malaisie, permettant une circulation assez aisée.

Climat: Le climat de la Malaisie est équatorial de type hyper humide, caractérisé par une température constamment élevée (entre 26°C et 27°C en moyenne) et une forte humidité tout au long de l'année. Les précipitations sont très élevées avec une moyenne annuelle atteignant 2.500 mm. La mousson d'hiver agit entre novembre et février avec de fortes pluies, surtout dans l'est du pays. Il faudrait donc éviter cette saison dans ces régions si possible. La mousson d'été est active entre août et novembre, avec des pluies à l'ouest et de vents très violents. À part l'est du territoire, toute l'année peut être propice à votre voyage. Je vous conseille le mois de juillet. La température moyenne de l'eau de mer est de minimum 25°C, par conséquent vous pourrez vous baigner toute l'année.

Liens et informations utiles

Histoire, géographie: Pour connaître l'histoire de ce pays plus en détail voir la page de Wikipedia.

Infos générales et pratiques: N'oubliez pas de vérifier les dernières informations concernant les avertissements du Ministère des Affaires Étrangères Français.

Tourisme: http://www.malaysia.travel/fr-fr/fr ; http://www.easyvoyage.com/malaisie/pratiques; https://sarawaktourism.com/.

Location de voitures: Nous avons loué chez Hertz et avons payé 250€/semaine, mais vous pouvez trouver des bonnes offres sur http://www.rentalcars.com.

Santé: La dengue est endémique, en particulier dans l'Etat de Selangor qui entoure Kuala Lumpur et dans la capitale elle-même, et en forte augmentation. La mise à jour de la vaccination diphtérie-tétanos-poliomyélite est conseillée. Autres vaccinations conseillées (selon conditions d'hygiène et durée du séjour): fièvre typhoïde, hépatites virales A et B. Il est conseillé de ne pas boire l'eau du robinet: préférer les eaux en bouteilles capsulées.

Flore

Depuis toujours je rêvais d'avoir un petit atlas numérique avec moi pour connaître le nom d'une belle fleur que je venais de rencontrer, d'un arbre impressionnant que je ne connaissais pas ou bien d'un animal, d'un oiseau, d'un fruit ou d'un légume rencontré sur un étal au bord de la route… C'est pour cela que j'ai décidé de faire plusieurs atlas photographiques pour vous.

Rose de porcelaine

C'est une fleur tropicale magnifique de couleur rouge ou rose qui peut atteindre 4 à 5 m de hauteur. Elle est originaire de Malaisie et est appelée aussi "Bâton de gingembre" Autant elle est belle quand elle est « en vie », autant elle est moche quand elle fane et devient toute noire.

Frangipanier

Le frangipanier ou plumeria est un arbuste originaire d'Amérique centrale et acclimaté en Asie. Les fleurs vont du jaune au rose en passant par le blanc et leur odeur est vraiment exquise.

Ylang-ylang

L'Ylang-ylang est un arbre originaire d'Asie du Sud-Est que je confondais souvent avec le précédent parce que les deux ont des fleurs très appréciées dans la cosmétique. Les fleurs de l'Ylang-ylang sont jaunes et on en extrait par distillation une huile essentielle.

Hibiscus

Ce sont des buissons avec des fleurs reconnaissables à leur long pédoncule sortant de la fleur. Les fleurs peuvent avoir plusieurs couleurs: rouge, rose, jaune, mauve, blanche. L'hibiscus Rose de Chine est la fleur nationale de la Malaisie.

Orchidée

Il y a beaucoup d'espèces d'orchidées, de toutes les couleurs et les formes. Ce sont des espèces naturelles ou hybrides, mais toutes belles et délicates.

Casuarina

Le Casuarina (*Casuarina equisetifolia*) est un arbuste ou arbre pouvant atteindre 35 mètres de haut. On en trouve souvent sur les plages. Il est à feuillage persistant, avec des fines brindilles vertes ou gris-vert. Son fruit ressemble aux cônes des conifères.

Flamboyant

Le flamboyant est un arbre magnifique si vous avez la chance de le voir en fleurs. Il peut atteindre 10 mètres de haut et sa couronne est en forme de parasol. Sa floraison est spectaculaire: de grandes fleurs rouges ou jaunes pouvant atteindre 15 cm de largeur!

Hévéa

La Malaisie est un gros producteur de caoutchouc, alors vous allez voir dans vos périples des milliers d'hectares d'hévéas. Reconnaissables à leur tronc assez fin et souvent courbé et au feuillage assez sommaire, les arbres sont souvent équipés de leur coupelle noire pour récolter le précieux liquide.

Palmier à huile

La Malaisie est aussi un gros producteur d'huile de palme, alors les milliers d'hectares d'hévéa sont souvent accompagnés de plantations de palmier à huile. Les plantations alternent. L'huile est extrait des fruits du palmier, récoltés dans une grande grappe de dattes noires se trouvant dans la couronne de l'arbre.

Fruits et légumes

En allant en Asie, vous allez découvrir beaucoup de légumes et fruits que vous ne connaissez que de nom. La marché est un endroit plein de charme, de vie, de couleurs, de senteurs, de saveurs que je vous recommande de visiter sans modération. Je vais commencer par vous faire un petit inventaire, avec photo à l'appui, comme pour les fleurs et les arbres, avant de vous en décrire le goût. Je vous proposerai quelques recettes pour vous mettre en appétit dans la partie Gastronomie.

Durian

Le durian est arbre tropical à feuillage persistant avec de grands fruits couverts d'épines pouvant peser jusqu'à 5 kg. L'odeur du fruit est tellement forte et désagréable qu'il est interdit d'en consommer dans les chambres d'hôtel ou dans les endroits publics! Si vous vous bouchez le nez pendant que vous mangez, vous pourriez même le trouver bon...

Manguier et mangues

Un fruit apprécié par tous car délicat et sucré… Le manguier est un arbre qui peut atteindre 10 à 25 mètres de hauteur et peut être reconnu à ses feuilles longues et pointues. Les fruits sont attachés à un long pédoncule et peuvent atteindre même 2 kg. Il y a plusieurs types de mangues.

Pitaya, le fruit du dragon

Le Pitaya, le fruit du dragon, est le fruit de différentes espèces de cactus, notamment l'espèce *Hylocereus undatus*. La fleur est appelée « Belle de nuit » car en effet elle est très belle, de couleur blanche ayant une odeur de vanille et mesurant près de 30 cm de diamètre. Elle ne dure qu'une nuit. Le fruit, comestible, est de couleur rose et a des grandes écailles. La pulpe est blanche ou rouge avec des petits pépins noirs et son goût ressemble à celui du kiwi.

Mangoustanier et le mangoustan

Le mangoustanier (*Garcinia mangostana*) est un arbre fruitier dont les fruits sont très appréciés en Asie pour leurs qualités curatives, notamment les antioxydants naturels qu'ils contiennent. Le mangoustan est un petit fruit arrondi violacé à la peau épaisse (très amère - donc ne croquez pas dedans!), qui renferme une chair blanche ayant un goût fin, un mélange d'acidité et de sucré rappelant le ramboutan. Nous avons eu du mal à découvrir comment on les mangeait, mais finalement des locaux nous ont montré: il suffit de presser fortement le fruit et la peau se casse assez facilement. C'est délicieux!

Ramboutan

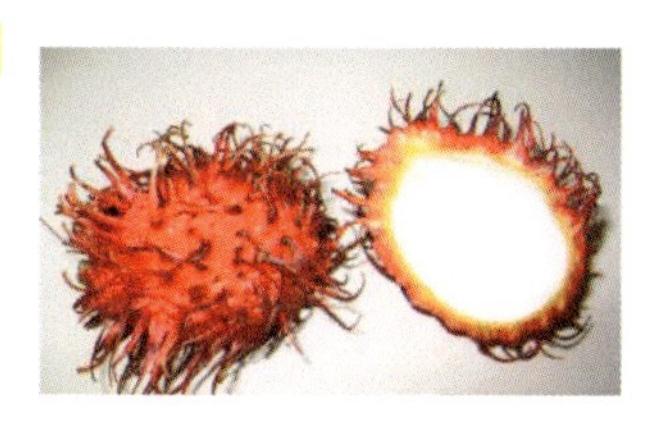

Le ramboutan, aussi appelé litchi chevelu, est un fruit tropical de la même famille que les litchis ou les longanes. Il ressemble à un litchi avec des poils de couleur rouge vif et son goût est moins sucré que celui de ses cousins, mais tout aussi délicieux!

Longanier et Longanes

Le longane est le fruit du longanier *Dimocarpus longan*, petit arbre tropical, et ressemble au litchi. Le fruit, sphérique, de couleur brun jaunâtre, se trouve en grappe et se mange de la même manière que le litchi.

Jamrosat et Pomme rose

Le Jamrosat (*Syzygium jambos*) ou jambosier est un arbre qui fait des fruits appelés pommes roses, de 2 à 5 cm de diamètre, de couleur jaune pâle au rouge foncé. Il doit son nom à sa chair a la consistance d'une pomme croquante et au parfum de la rose.

Galanga

Le galanga est un mot qui désigne plusieurs sortes de rhizomes proches du gingembre et utilisés comme épices. Le grand galanga est utilisé dans la cuisine thaïe. Sa saveur légèrement piquante remplace souvent le gingembre dans de nombreux plats.

Duku

Les dukus ou langsats (l'arbre s'appelle *Lansium domesticum*) sont de petits fruits en grappe, de couleur jaune clair et qui, au niveau de leur constitution, ressemblent à une clémentine en beaucoup plus petit. Il faut enlever la peau qui est assez dure, mais fine.

Salak

Le salak (*Salacca zalacca*) est un petit palmier de la famille des Arecaceae. Il est très épineux, mesurant jusqu'à 6 m de haut. Son fruit comestible s'appelle « salak » ou « fruit serpent » est recouvert de dures écailles brunes rappelant la peau d'un serpent. Sa chair est blanche avec un petit noyau. Il a une texture croustillante et une saveur sucrée.

Faune

J'ai pensé vous faire aussi un petit « atlas faune » car souvent j'ai été agacée par le fait que je ne pouvais pas mettre un nom sur un animal, un oiseau ou une tortue. Je ne vais pas vous présenter des éléphants ou des tigres car je suis sûre que tout le monde les reconnaîtra, mais plutôt quelques animaux qu'on n'a pas l'habitude de voir en dehors de l'Asie.

Mammifères

La Malaisie regorge d'animaux et d'oiseaux indigènes qui sont en grande partie protégés dans des parcs nationaux et des réserves.

Le colugo ou lémurien volant

Le lémurien volant (*Cynocephalus variegatus*) est un petit mammifère vivant dans les arbres des forêts tropicales. Il a une peau reliant les pattes antérieures avec les postérieures qui lui permet de planer d'arbre en arbre.

Le tapir de Malaisie

Le tapir de Malaisie ou d'Asie (*Tapirus indicus*) est un mammifère de la famille des Tapiridés, proche de celles des chevaux et des rhinocéros. Les tapirs d'Asie sont différents des autres par leur couleur: mi-noir et mi-blanc. Le petit est marron recouvert de rayures durant son enfance et ressemble à un marcassin. Ils aiment bien vivre dans la forêt dense.

Le binturong

Le binturong (*Arctictis binturong*) est un petit mammifère végétarien de la famille des Viverridae. Il peut avoir jusqu'à un mètre de longueur et sa queue aussi. C'est plutôt un animal nocturne, vivant dans la forêt tropicale. Il a des poils de couleur noire et ressemble à un gros chat.

Le pangolin de Malaisie

Le pangolin de Malaisie est un petit mammifère insectivore avec une vie plutôt nocturne. Son dos et son corps sont recouverts de larges écailles, alors que son ventre est recouvert de fourrure. Il a un nez pointu avec des petites moustaches qui lui donne un air plutôt amusant. Le pangolin grimpe aux arbres et se maintient sur les branches en enroulant sa queue tout autour.

Le chat doré d'Asie

Le chat doré d'Asie (*Pardofelis temminckii*) est un félin de couleur rousse avec des bandes blanches sur le visage.

Tigre de Malaisie

Le tigre de Malaisie (*Panthera tigris jacksoni*) vit au centre et dans le sud de la péninsule Malaise.

Le capricorne de Sumatra

Le capricorne de Sumatra (*Capricornis sumatraensis*) est un bizarre mélange entre une antilope et une vache. Ses poils sont de couleur foncée vers le noir.

Le muntjacs

Le muntjacs (*Muntiacus*) est un cervidé d'Asie du Sud-Est de petite taille.

Le sambar

Le sambar (*Cervus unicolor*) est un cervidé. Le cerf sambar a une tête assez petite par rapport aux autres mâles de cette famille. Le faon n'est pas tacheté de blanc.

Le gibbon

Le gibbon est un petit singe de moins d'un mètre et qui ne pèse pas plus de 10 kg. De couleur marron clair ou noir, son visage est encadré de blanc et les extrémités des mains sont blanches.

Le nasique

Le Nasique (*Nasalis larvatus*) est un singe arboricole endémique de l'île de Bornéo. Il est appelé ainsi en raison de son appendice nasal mou et plate.

L'orang-outan

Le nom « orang-outan » vient du malais orang hutan, qui signifie littéralement « homme de la forêt ». On en trouve dans les réserves et aussi à l'état sauvage surtout sur l'île de Bornéo.

Le macaque crabier

Le macaque crabier (*Macaca fascicularis*), appelé aussi macaque à longue queue, est un singe souvent rencontré aux abords des temples. Il vit en groupes de 5 à 60 individus qui peuvent devenir agressifs quand ils ont faim.

La civette de Malaisie

La civette de Malaisie est un petit mammifère de couleur grise avec des tâches noires. Elle a une vie plutôt nocturne donc vous ne pourrez pas l'apercevoir en dehors des zoos ou des réserves.

L'ours malais

L'ours malais est le plus petit ours d'Asie (moins d'un mètre). Sa fourrure est luisante en allant du noir au brun avec un museau de couleur claire. Il mène une vie plutôt nocturne et fait des nid dans les arbres.

Le banteng

Le banteng (*Bos javanicus*) est un bœuf sauvage domestiqué par l'homme, de couleur noire au brun rouge foncé avec le ventre blanc. Les femelles sont plus claires.

Le gaur ou gayal

Le gaur ou gayal (*Bos frontalis*) est un bison à l'état sauvage ou domestiqué du noir au brun rouge foncé. Les pattes sont blanches ou jaunâtres, comme s'il avait des chaussettes! À l'état sauvage, c'est une espèce menacée. Ils vivent en petites hardes jusqu'à quarante gaurs et se nourrissent d'herbes, de jeunes pousses et de fruits. La variété domestique est appelée gayal et employée comme bête de somme ou élevée pour sa viande.

Le sanglier à moustaches

Le sanglier à moustaches (Sus barbatus) est un sanglier qui est assez actif pendant la journée. Il est reconnaissable à ses moustaches blanches sur son groin.

Gastronomie malaise

La cuisine malaise est très riche de ses racines locales, mais aussi des influences indiennes, indonésiennes et chinoises. L'influence européenne et notamment britannique et portugaise se sent aussi dans certains plats. C'est une cuisine savoureuse, pleine de couleurs et d'arômes - un vrai régal pour toutes les papilles, même les plus exigeantes.

La Malaisie est un pays où l'on mange à n'importe quelle heure du jour ou de la nuit, de nombreux « Mamak » restent ouvert non-stop, et proposent des plats sucrés et salés.

La cuisine est tellement variée que je ne pourrai pas recenser dans ce petit guide toutes les spécialités locales. Je vous donnerai quelques recettes des plats que nous avons essayés et appréciés. Une page assez complète sur la gastronomie malaise est consultable dans Wikipedia. Elle ravira les gourmands qui se préparent à visiter ce beau pays à la cuisine raffinée.

Il faut savoir qu'en Malaisie la pièce centrale d'un repas traditionnel est le riz (le nasi), tout le reste n'est qu'accompagnement. Un des plats les plus communs est le Nasi Goreng ("riz frit"). Il s'agit d'un riz frit dans l'huile de palme avec des échalotes, ail, tamarin, piment et accompagné d'autres ingrédients, comme le poulet ou les crevettes. Il y a plein de recettes de nasi goreng, alors je vous en donne une ci-dessous.

Nasi Goreng

- 500 g de riz cuit, 1 blanc de poulet
- 200 g de crevettes décortiquées, 2 gousses d'ail pressées
- 3 oignons verts émincés, 2 œufs
- 4 cuillères sauce de soja, huile, muscade, gingembre
- 1 piment facultatif

Couper en dés le poulet. Dans une poêle avec un peu d'huile faire sauter les oignons, l'ail et ajouter le poulet et les crevettes. Ajouter un peu de poudre de muscade et de gingembre, ainsi que le piment. Ajouter le riz quand le poulet a commencé à se colorer. Après 3 minutes rajouter la sauce soja et mélanger. Laissez encore 2 minutes.

Faire frire les œufs et les mélanger en dehors du feu ou bien les servir directement dans les assiettes.

Nasi lemak

Le nasi lemak est souvent considéré comme le plat national de la Malaisie. En malais, nasi lemak signifie « riz dans la crème ». Et cela parce qu'on fait bouillir le riz dans du lait de coco. Traditionnellement, ce plat est servi avec du concombre, des œufs durs, des anchois séchés (ou ikan bilis), des cacahuètes grillées, du sambal, des légumes marinés et aussi de viande, surtout du poulet ou agneau.

- 500 g riz (de préférence thaï), une boite de 500 ml lait de coco
- 30 g anchois séchés, 20 g de cacahuètes salées grillées
- 2 œufs, 1 concombre, huile, 1 gousse d'ail pressée
- 1 oignon émincé, morceau de gingembre coupé en lamelles

Faire bouillir le riz dans le lait de coco ou bien, si vous avez un autocuiseur, verser le riz dedans avec le lait de coco et le gingembre. Dans une poêle faire chauffer l'huile et y faire sauter l'oignon, l'ail, les anchois et ensuite laisser cuire à petit feu pendant une quinzaine de minutes.

Cuire les œufs. Servir le riz avec la sauce, les œufs, le concombre coupé en dés, les cacahuètes grillées. Si vous avez envie de viande vous pouvez servir avec du poulet frit ou bien un curry d'agneau.

Laksa

La laksa est une soupe de nouilles épicées à base de lait de coco, crevettes, poisson ou viande, parfumée de pâte de curry, piment, citronnelle et coriandre. Vous trouverez plein de types de laksa dans le restaurants: le curry laksa - une soupe de curry de noix de coco avec des nouilles, l'asam laksa - une soupe amère de poisson avec des nouilles, le sarawak laksa - soupe sans curry avec du sambal, tamarin, ail, galanga, lait de coco, le tout garni avec des lanières d'omelette et de poulet, le laksa Johor avec du lait de coco, de la noix de coco grillée, des crevettes séchées, de la citronnelle, du galanga et des épices, etc. Ci-dessous, voici une recette de laksa:

- 350 g grosses crevettes décortiquées
- 500 ml bouillon de poulet, 300 g nouilles de riz plates
- 2 échalotes émincées, 400 ml de lait de coco
- 1-2 gousses d'ail finement haché, coriandre, 1 citron vert

Mettre les nouilles dans un saladier et couvrir d'eau bouillante. Laisser pendant 5 minutes et ensuite les égoutter en les passant sous l'eau froide.

Dans une poêle chauffer l'huile et faire sauter les échalotes pendant 3 minutes. Rajouter l'ail et ensuite le lait de coco et le bouillon de volaille. Porter à ébullition, puis ajouter les crevettes et laisser 3-4 minutes jusqu'à ce que les crevettes soient cuites.

Répartir les nouilles dans des bols à soupe et ajouter le laksa aux crevettes et un filet de citron vert ainsi que des feuilles de coriandre.

Satay de poulet

Un des plats nationaux de la Malaisie sont les fameux satay - des brochettes délicieuses de viande ou légumes, marinées puis grillées accompagnées d'une sauce à base de cacahuètes. Une entrée qui se mange au restaurant, mais aussi au marché ou des étals dans la rue quand on a un petit creux...

- 2-3 blanc de poulet
- **Marinade**: 2 cuillères de sauce soja, 3 cuillères d'huile d'arachide, 1 pincée de curcuma et une de coriandre, jus d'un citron, 1 cuillère de miel, 1 gousse d'ail finement coupé, 2-3 cuillères lait de coco, poivre

Couper le poulet en cubes et les mettre dans la marinade, au frigo, pendant quelques heures. Tremper aussi pendant une heure les bâtonnets de bois qui vont vous servir pour faire vos brochettes.

- **Sauce d'accompagnement**: 3 cuillères beurre d'arachides si vous en avez (sinon du beurre normal), 2 cuillères sucre roux, 1 cuillère sauce de soja, jus d'un citron, 1 cuillère de miel, 100 g cacahuètes pilées, 1 gousse d'ail finement coupée, 1 oignon vert coupé. Faire fondre le beurre, ajouter l'ail et le sucre et ensuite les autres ingrédients tout en mélangeant. Laisser

5 minutes et ensuite mettre de côté.

Enfiler les morceaux de poulet sur les brochettes. Déposer sur une plaque. Griller au four environ 5 minutes de chaque côté.

Conseils personnels : Arroser de marinade à mi-cuisson avant de les tourner. Servir avec la sauce aux cacahuètes. Vous pouvez faire la recette avec du porc également.

Rendang de bœuf

Le rendang est un plat originaire du pays minangkabau en Indonésie fait de bœuf ou parfois de poulet, d'agneau ou à base de légumes ou de fruits. Cette base est mijotée dans du lait de coco avec des épices pendant plusieurs heures, le temps que le liquide s'évapore et que la viande ait absorbé les condiments. Ce plat est servi avec du riz ou accompagné de ketupat (gâteau de riz compressé) ou de lemang (riz gluant cuit sur du bambou). Voilà une recette au bœuf:

- 1 kg de bœuf, 2 oignons émincés, 1 échalote, 3 gousses d'ail
- citronnelle et gingembre frais, 250 ml de lait de coco
- 1 cc de cannelle, poudre de clous de girofle, coriandre, curcuma
- 15 g de noix de coco, 1 cuillère de sucre roux

Couper le bœuf en dés. Dans un bol mélanger les oignons, l'ail, l’échalote, la citronnelle, le gingembre râpé et toutes les épices. Ajouter les dés de viande et mélanger. Faire chauffer un peu d’huile et y plonger la viande. Faire revenir pendant 3 minutes et baisser le feu. Verser le lait de coco, le sucre et la noix de coco et laisser mijoter pendant 2 heures en mélangeant de temps en temps. Laisser réduire la sauce.

Soupe soto ayam de poulet

Le soto ayam est une soupe de poulet avec du vermicelle, que l'on trouve en Malaisie.

- 2 échalotes, 2 oignons verts, 1 petit poulet, 1 branche de céleri
- 1 tomate, 200 g nouilles, 3 œufs, curcuma, poivre et sel

Placer le poulet et les abats dans une casserole. Recouvrir d’eau et porter à ébullition. Écumer aussi souvent que nécessaire.

Couper finement l’oignon vert et les échalotes et le céleri et les mettre au-dessus du poulet dès qu'il n'y a plus d'écume. Bien mélanger. Rajouter du sel et du poivre selon votre goût et aussi un peu de curcuma. Laisser cuire jusqu'à ce que le poulet soit cuit et rajouter les nouilles. Laisser cuire encore 3 minutes. Rajouter dans les bols les œufs durs.

Vous pouvez aussi rajouter des chips de pommes de terre.

Char Kway Teow

Le Char kway teow, ce qui veut dire "bandes de gâteau de riz frit", est un plat populaire de nouille en Malaisie à base de nouilles de riz plates, sauce de soja, du piment, des crevettes, des pousses de soja et des ciboules de Chine. Le plat est généralement mélangé avec de l'œuf.

- 125 g crevettes décortiquées, 2 gousses d'ail coupé finement
- 1 oignon coupé finement, 2 oignons verts coupés finement
- 300 g nouilles plates de riz, 2 œufs, 100 g pousses de soja

Pour la **sauce** : 1 cuillère à soupe (= "cs") sauce soja, 1 cs sauce huîtres, 1 cs eau, 1 cc sucre roux

Cuire les pâtes de riz dans de l'eau bouillante et les égoutter en les passant sous l'eau froide. Mélanger dans un bol tous les ingrédients pour la sauce et mettre de côté.

Faire chauffer dans une poêle une cuillère à soupe d'huile à feu vif et faire dorer l'ail et l'oignon. Ajouter les crevettes et les oignons verts. Ajouter les nouilles de riz et la sauce préparée à l'avance. Mélanger pendant 2 à 3 minutes. Faire un puit au milieu et y verser une cuillère à café d'huile et les œufs battus. Mélanger le tout pendant 1 minute. Ajouter le soja, du sel et du poivre.

Hokkien mee

Le Hokkien mee est un plat de fines nouilles jaunes frites avec une sauce soja épaisse et des lardons croustillants. Voici une recette aux crevettes.

- 200 g crevettes décortiquées, 200 g nouilles de blé aux œufs
- 100 g nouilles de riz, 3 carottes, 3 oignons, 3 gousses d'ail
- 1 poivron rouge et 1 vert, 3 oignons verts
- 200 g pousses de soja, citronnelle, gingembre frais
- 2 cs sauce soja, 3 cs huile sésame

Faire une marinade avec la citronnelle coupées finement, la sauce soja, l'huile de sésame et le gingembre râpé. Mettre la marinade au frigo.

Faire cuire les nouilles dans des casseroles séparées pendant 5 minutes. Égoutter et passer-les sous l'eau froide.

Chauffer un fond d'huile dans une poêle et y faire revenir les oignons émincés et l'ail écrasé. Puis ajouter les crevettes et les faire cuire à feu vif pendant 5 minutes. Ajouter ensuite les carottes coupées en lamelles et les poivrons et faire revenir l'ensemble encore quelques minutes. Incorporer tous les autres ingrédients, en remuant, les œufs légèrement battus et les nouilles. Ajouter la marinade et laisser encore quelques minutes. Les pousses de soja doivent rester croquantes, c'est pourquoi il faut les incorporer en fin de cuisson avec la ciboulette ou l'oignon vert.

Popiah

Le Popiah est un rouleau de printemps, une spécialité malaisienne d'origine chinoise. Il peut être servis frais ou cuit, comme des nems.

- une dizaine de galettes de riz (comme celles pour les nems)
- une dizaine de crevettes décortiquées et coupées en morceaux
- 1 morceau de tofu coupé en petits dés, 2 gousses d'ail hachées
- 1-2 carottes coupées en lamelles, 1 oignon haché finement
- 1 navet haché finement, persil, sel, poivre
- 2 cuillères à soupe de fécule de maïs + 4 cuillères à soupe d'eau

Faire chauffer un peu d'huile dans une poêle et y faire cuire les dés de tofu jusqu'à ce qu'ils soient bien dorés. Mettre de côté le tofu et faire sauter l'ail et l'oignon pendant 1-2 minutes. Ajouter les crevettes, la carotte et le navet. Assaisonner selon votre goût avec sel, poivre et laisser cuire pendant encore 5 minutes, en remuant régulièrement. Préparer dans un bol la pâte qui va permettre de sceller les popiah en mélangeant la fécule de maïs avec l'eau. Faire les popiah: déposer une galette à popiah et garnir avec la farce et du tofu. Replier les deux côtés de la galette et enrouler étroitement pour former le nem. Sceller le rouleau avec la pâte préparée à cet effet et faire dorer dans un peu d'huile à feu vif. Sortir les popiah sur du papier absorbant et les servir avec une sauce pour nems ou aigre-douce.

You Tiao - beignet

Le You Tiao en français « long morceau frit » est un beignet frit à l'huile végétale, qui apparaît souvent à la table des Chinois et des Malais lors du petit déjeuner.

- 200 g de farine, 1 cs sucre, huile pour la friture
- 150 ml lait, 1 sachet levure boulangère
- une pointe de couteau de bicarbonate de soude sur laquelle vous ajouter quelques gouttes de vinaigre blanc

Chauffer un peu le lait pour qu'il soit tiède, puis le mélanger avec la levure. Laisser reposer pendant une quinzaine de minutes pour que la levure s'active. Mélanger la farine avec le sucre dans un saladier. Verser le mélange lait-levure petit à petit dans la farine, en remuant sans arrêt. Vous pouvez faire cette opération à l'aide d'un robot pour vous faciliter la vie ;-) Laisser la pâte lever dans un endroit chaud (25°C) pendant une à deux heures, couverte d'un torchon humide. Quand la pâte a triplé de volume, ajouter le bicarbonate de soude et mixer de nouveau dans le robot. Laisser encore lever pendant une trentaine de minutes. Verser la moitié de la pâte sur le plan de travail huilé. Étaler la pâte jusqu'à 2 mm d'épaisseur en forme rectangulaire et couper en lamelles. Mettez une lamelle sur une autre et pressez avec une baguette chinoise.

Chauffer l'huile et plonger les lamelles superposées. Tourner les beignets pour qu'elles soient dorées de manière homogène: 30 secondes maximum. Bien égoutter sur du papier absorbant.

COMMENT OBTENIR L'EBOOK GRATUIT

Avez-vous apprécié ce livre ? Souhaitez-vous avoir la version électronique de ce guide gratuitement ? Vous pouvez l'obtenir sur votre smartphone, tablette ou Kindle, toujours à portée de main ! C'est simple: écrivez un avis sur Amazon et envoyez-moi un courriel avec une preuve de votre avis sur Amazon et je vous enverrai le fichier en format epub tout de suite dans votre boîte mail ! Pour cela, utilisez simplement mon adresse mail: cristina.rebiere@gmail.com

J'espère avoir bientôt de vos nouvelles ☺

Cristina

Remerciements

Nous tenons à remercier les sites Wikipedia, OpenStreetMap et open.mapquest.com pour les ressources utilisées dans l'élaboration de cet ouvrage (photographies, cartes et itinéraire). Nous sommes reconnaissants à tous les contributeurs de ces sites sans lesquels nous n'aurions pas pu compléter certains de nos articles. Merci aussi à toutes les âmes charitables qui offrent sur internet des outils et ressources libres d'utilisation pour celles et ceux qui veulent toujours apprendre et s'améliorer!

Crédits photos:

Photo 1.9: By Ahmad Rithauddin from Ampang, malaysia - Sultan Abdul Samad Building, CC BY 2.0
Photo 1.10: By Bjørn Christian Tørrissen - Own work by uploader, http://bjornfree.com/galleries.html, CC BY-SA 3.0
Photo 1.12, 2.3: Par Gryffindor — Travail personnel, Domaine public
Photo 2.1: Par JaseMan , CC BY 2.0
Photo 2.2: By Flying Pharmacist - Own work (own photo), CC BY-SA 3.0
Photo 3.18: By Asiadetailfeed - Own work, CC BY-SA 3.0
Photo 4.8: By Will Ellis from Reading, England - Flickr, CC BY 2.0
Photo 5.2: By Ecoblueprint - Flickr: masjid zahir, alor setar, CC BY 2.0
Photo 5.4: By NickLubushko - Own work, CC BY-SA 4.0
Photo 6.1,4: By Miss Prema Darshini - Own work, CC BY-SA 4.0
Photo 8.2: By Ibnu ariff at English Wikipedia - Transferred from en.wikipedia to Commons., Public Domain
Photo 8.4: Par Waterfallsofpahang (Travail personnel) [CC BY-SA 4.0
Photo 9.1: By Zaireey - Own work, CC BY-SA 4.0
Photo 9.4: By bbbsheep from singa-po - Floating Mosque, CC BY 2.0
Photo 10.1,3: Par WolfgangSladkowski
Photo 12.2: By Fxchua - Own work, CC BY-SA 4.0
Photo 13.2: © CEphoto, Uwe Aranas / , via Wikimedia Commons
Photo 13.3: Photo by CEphoto, Uwe Aranas, CC BY-SA 3.0
Photo 13.4,5: By Dcubillas - Own work, CC BY-SA 3.0
Photo 14.2: CC BY-SA 3.0, https://commons.wikimedia.org/w/index.php?curid=286038
Photo 14.1,3: By Yeo Jiun Tzen - Own work, CC BY-SA 4.0
http://kuching.outer-court.com/kuching-map.html

Auteurs

Cristina et Olivier Rebière se sont connus à l'âge de dix-sept ans en Roumanie, peu de temps après la chute du mur de Berlin et la Révolution roumaine de décembre 1989. Après deux ans de correspondance et quelques rencontres, Cristina réussit à obtenir une bourse d'études en France et Olivier l'épouse en 1993. Depuis, ces deux aventuriers de la vie ont eu une existence pleine de rebondissements, au cours de laquelle ils ont pris le goût pour les voyages, l'entrepreneuriat et l'écriture. Leurs livres sont utiles, pratiques, et vous aident à faire le plein d'énergie et de créativité. Découvrez toutes les collections de Cristina & Olivier sur le site internet **http://www.OlivierRebiere.com**

Printed by Amazon Italia Logistica S.r.l.
Torrazza Piemonte (TO), Italy